これなら
誰でも
できる

日本の杉で
小さなお家《うち》

後藤 雅浩 著

セルフビルドの
新工法

農文協

これなら
わたしにもできる

日本の杉でつくる

ちいさなお家《うち》

インパクトドライバーで欄間押さえを留める

完成した間柱材
パレットハウス

日曜大工でつくろう
日本の杉でつくるちいさなお家《うち》

「ちいさくてもいいから自分で小屋をつくりたい！」そんな願いを誰もが手軽に実現できたらなあーそんな思いから、丸ノコとインパクトドライバーさえあれば女性でもできる「間柱《まばしら》パレットハウス」と「ジョイント柱ハウス」が誕生しました。コンクリートの基礎づくりも、複雑な加工もありません。

材料は杉の間柱材など、ほとんど近くのホームセンターや材木屋さんで入手できます。

無垢の杉材をふんだんに使った３坪（約 10 ㎡）のちいさな家です。家族や仲間、2、３人でやれば、材料の入手、パーツの組み立て、家つくりまで、およそ延べ１週間くらいでできます。

さーさー楽しい小屋づくりの始まりです !!

杉の香りが漂う「間柱パレットハウス」の室内。欄間から木漏れ日のように陽光が差し込む

菜園の前に親子で建てた「間柱パレットハウス」、手仕事を通して親子の会話がはずみ、ナチュラルライフの夢膨らむ

野地板を張り終えたら、思わず「やったー！」と嬉しさがこみ上げ、大の字になって天を仰ぐ

日曜大工でつくろう

間柱パレットハウス

間柱とは従来の家づくりでは、柱と柱の間に入れる板状の下地材で、壁の中に隠れてしまう脇役です。間柱パレットハウスは、この間柱を重ねてビスで留めて土台にしたり、柱や桁代わりになる強固な枠組み（フォークリストの運搬に使うパレットのような枠）をつくったりなど、間柱が主役の家です。基礎も高さを調節できる金物を取り付けるだけなので、超簡単、移設も容易です。

1 基礎から床づくり

① **敷地の整備**
基礎は金物なので、簡単に整地し、金物接地位置をランマ（左）などで軽く鎮圧するだけ

② パッタン馬の上に間柱でつくった土台を組む

③ 土台に根太《ねだ》（床板の下地）や基礎金物・鋼製束金物を設置

④ パッタン馬から下ろし基礎金物を回して高さを調整し水平にする

⑤ 本実（ほんざね）加工の杉板を張り、床盤の完成

2 壁パレット、桁パレットの設置

⑥ 床盤の上、壁パレットを並べ、土台とパレットどうしをビスでいったん仮留めしてつなぐ

⑦ 開口部の寸法を確認したら、強固にビス留めする

⑧ 壁パレットの上に桁パレットをのせ、しっかりビスで固定し、断熱材を入れる

3 屋根トラスの設置と屋根葺き

9 間柱でつくった屋根トラスを桁パレットの上にのせ、ビスで固定

10 野地板を張り、その上に防音断熱材を張る

11 防水紙を貼り、金属板を屋根下から張り上げる

4 内装と外装

12 透湿防水シートを張り、荒床板を下見板張り（小学生でもできる）

13 下地位置を確かめながら外壁、さらに軒天も張る

14 あいじゃくりの羽目板を内壁の下から張り上げていく

15

完成

日曜大工でつくろう

ジョイント柱ハウス

縦・横・直立の３本の柱材を、ほぞやほぞ溝をつくらずに、開発した「三面ジョイント金具」で強固に接合させて骨組みをつくる画期的な工法です。基礎も柱に基礎金具を設置するだけです。経費もあまりかからず、組み立ても分解移設も簡単です。

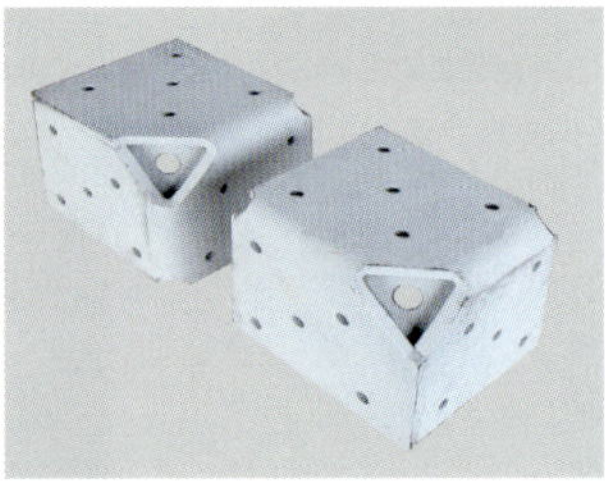

三面ジョイント金具（特許出願中）

三面ジョイント金具の中央穴に入れて締めるボルト

１ 骨組み（フレーム）づくり

① パッタン馬の上で土台とする柱材を妻側を下にして、四隅を柱の厚み分出し、水平に置く

② 三面ジョイント金具を飛び出した側に写真のような位置に置き、四隅の直角を確認しコーチボルトで留める

③ 基礎金物をつけた柱を立て、②の２つの三面ジョイント金具に固定する

④ 上下の三面ジョイント金具の中央穴にボルトを通し、レンチで締めて堅結する

⑤ 同様にして残り３本の柱を立てる（柱の上部に桁・梁を接合するジョイント金具をつけておく）

⑥ 桁を二面ジョイント金具にのせて取り付けてから、②の要領で三面ジョイント金具で柱に固定し、その上に梁を渡して③④の要領で上部の骨組みをつくる

⑦ パッタン馬から骨組みを下ろす

2 床・壁フレームづくり

⑧ 根太を設置し本実（ほんざね）加工の杉板を張る

⑨ 壁パネルを土台・柱・梁・桁のフレームにはめ込み固定する

3 屋根の設置

⑩ 屋根トラスをのせて、梁・桁に固定する

⑪ 野地板・防音断熱材・防水紙・波トタンの順に張り、屋根の完成

4 外装・内装

⑫ 壁パネルに断熱材、透湿防水シートを張り、荒床板を下見板張りする

⑬ あいじゃくりの羽目板を内壁の下から張っていく

⑭

ジョイント柱ハウスの完成

活躍中の間柱パレットハウス、ジョイント柱ハウス

保育園に建てた間柱材３坪ハウス１号。図書小屋（斉藤亮一撮影）

子どもたちにとってはアスレチック小屋!?
梁にぶら下がっても大丈夫（斉藤亮一撮影）

ジョイント柱工法でつくった
農産物加工直売所

桁も２本で梁を挟んで屋根を支え、
中間の柱をなくし広々した内部

２本の柱で桁を挟むジョイント柱
工法の応用でつくった農作業納屋

はじめに

日本の杉でちいさなお家《うち》を自分の手でつくろう

「自分で家をつくってみたいなー」と、ふっと思うことがないでしょうか？

でもいざとなると、不器用で工作は苦手だし、忙しくて時間もあまりないし、難しい本を読むのはおっくうだし、さらに家を建てられる場所なんて……。

私は子どものころから不器用でしたが、これまでいくつかの小屋を必要にせまられて建ててきました。最初は基本にのっとってやっていたのですが、もっと簡単に素人にも気軽にできる家づくりを求めてきました。「本当の職人さんのやるようにできなくていい、時間がない人も手軽に、いい加減に、でも丈夫にできたらいい」と。

何度もの試行錯誤を繰り返してきましたが、これなら誰でもできると確信をもてるようになった工法が、本書で紹介する「間柱《まばしら》パレット工法」と「ジョイント柱工法」です。この２つの工法は建物造りの常識からは、いくつかの点ではずれています。でも、ちいさなお家なら、面倒な規則や普通の建物の常識から少し離れてつくることができます。最初はちいさなお家から始めましょう！

ちいさなお家でも、実際につくると「なんだやればできるんだ」と勇気を与えてくれます。ちいさいけど親子や仲間とつくればおおいに食も会話も弾みます。ちいさくてもそこに夢をいっぱい詰めることができます。

素人が誰でも簡単に、短時間につくれるように、「間柱パレットハウス」も「ジョイント柱ハウス」も、３つの工夫をしました。

ひとつ目は、重労働で慣れないと時間がかかるコンクリートの基礎はつくらず、高さを調整できる基礎金物や鋼製束金物を採用したことです。地面は簡単に整地するだけです。土台の水平だしは、この方法なら基礎金物をくるくる回すだけで簡単にできます。必要なくなれば分解して簡単に移築できます。移築したあとにコンクリートのごみもでません。

２つ目は、素人には工作が難しく、また構造的な弱点になりやすいほぞ・ほぞ溝のノミ加工をなくしたことです。「間柱パレット工法」では間柱材をビスで接合してほぞ・ほぞ溝をつくり、「ジョイント柱工法」では柱材を三面ジョイント金物で接合します。ノミは必要なく、主な道具は用材を切る丸ノコとビスを打つインパクトドライバーだけです。

３つ目は、四角形の壁パレットを組むことによって、面倒な水平や垂直の確認を最小限にしたことです。

さらに、この本では日本の山のどこにでも植えられてきた杉の木を使っています。杉は軽くて加工しやすく強度があり、美しくいい香りのする日本が誇るすばらしい用材です。価格もこの本で紹介するようなありふれた材料なら外材とほとんど変わりません。国産の杉材を活用することは、日本の林業や環境を守ることにつながっています。

作業の流れがイメージできるよう、間柱パレットハウスの過程を収録したＤＶＤも付けました。一度ＤＶＤをご覧になってから本書を読むと、手にとるようにつくり方がわかってきて、すぐにでもやりたくなります。多くの方が実践され、日本のあちこちに杉の香薫るちいさなお家が建てられることを願っています。

2008年8月

雨読晴耕村舎　**後藤　雅浩**

目次

PART 2

さあ、つくろう 間柱パレットハウス 41

PART 3

らくらく、ジョイント柱ハウス 99

［コラム］

協力●守谷工具店・守谷和夫／A&K ホーム建材（株）
写真撮影●中島 満／後藤雅浩／斉藤亮一　　イラスト●後藤雅浩
DTP 製作●條 克己

PART 1
ウオーミングアップ編

1 これなら誰でもできる！
間柱《まばしら》パレットハウス、ジョイント柱ハウス

1 素人でも女性でも簡単にできる新工法

外国では自分で自分の家を長年かけてつくっている人が珍しくありません。日本でも自分の家をセルフビルドで建てることを夢見る方が増えています。

しかし、日本の伝統的な木造の家造り技術は、世界的にみても高度なもので、木材と木材を組み合わせたりつないだりする加工技術などは、多岐にわたる技術的な修練が必要です。在来工法の家造りは、なかなか素人には難しいのが現実です。実践された方が書いた本も発刊されていますが、いざやろうとすると、なかなか本の通りにはできません。

私は家つくりは素人で不器用であるにもかかわらず、必要に迫られていくつもの小屋を建ててきました。また、素人の人と一緒に家つくりをする機会が多くあり、不器用な素人でも丈夫なちいさな家をつくることができないかと思ってきました。

やっているうちに、丸ノコを使ってまっすぐ切ることと、インパクトドライバーでビスを留めることは誰でも少しの練習でできることがわかりました。この2つの作業だけでできる工法なら、不器用な人でもセルフビルドのちいさな家つくりが楽しめるのではないかと考えました。

何度かの試行錯誤を繰り返し、本書で紹介する「間柱《まばしら》パレット工法」と「ジョイント柱工法」ができました。これならプラモデルを組み立てる感覚で、誰でも丈夫なちいさな家を建てることができます。

ただし、いずれの工法も新しい工法であるため、現段階では建築基準法の構造規定に添うものではありません。しかし、「構造耐力上安全である」木造であれば、「延べ面積10㎡以内の物置、納屋その他これらに類する建築物については」構造規定を「適用しない」ことになっています（建築基準法施工例第40条）。10㎡（約3坪）以内の家なら、新工法でつくれます。

行政への建築申請は必要？

「建築物」を建てようとするときには、基本的に行政へ設計書を添えて届け出る必要があります。ただし、建築基準法では、本書で紹介する小屋のような３坪以下（10㎡未満）の軽微な納屋などを庭先に増築したりする場合は、特に届け出は求められません（建築基準法第６条）。更地にポツンと建てる場合は、ちいさくても原則的に届け出ることになっています。

しかし、市街地で防火・準防火地域に指定されている場所では、防災の観点から、ちいさくてもこのような小屋は建てられません。建てたい場所が指定されていないかどうかは、役場に確認するとよいでしょう。

女性でも無理なくできますよ

2 日本特産の無垢の杉材でつくるエコハウス

ホームセンターで市販されている安価なログハウスは、ほとんどが外材でできた製品です。誰でもができる新工法を開発をするにあたって、もうひとつ条件がありました。外材でなく日本の風土にあった国産材を使い、このログハウスと価格でも性能でも対抗できることです。そこで注目したのが、小径の杉からもとれ、最も大量に生産されている用材、幅105㎜の間柱材と柱材でした。

杉は日本特産で、奈良の吉野杉、京都の北山杉、秋田の秋田杉など、日本では古くから重要な用材でした。杉の名の由来はまっすぐに伸びる木「直木」からきているといわれています。まっすぐに伸び、軟らかく加工がしやすいうえ、強さやねばりがあり、柱や板材などに重宝されてきました。杉の材木は空気量が多いので、軽いうえに乾燥した材をさわると温かみがあります。箸にも利用されるように、その香りは口にしてもいいくらい爽やかです。杉は檜とともに世界に誇れる日本を代表する木です。

日本の人工林は森林全体の5割を占めていますが、その大部分は杉と檜です。戦後、国の拡大造林施策により、いっせいに1000万ヘクタールも植林され、現在でも杉の植林面積は約450万ヘクタールで、日本全土の約12%も占めています。しかし、安い外材が制限なく輸入されるようになり、国産材の需要は激減し、材木の価格が生産費以下となり、間伐などの手入れができない危機的な状況が進んでいます。用材にするには、最初は密に苗を植えてまっすぐに伸ばし、それを少しずつ間伐しながら太い良材に育てていきます。密に植林されたままだと根が深く張らないため、土砂災害による危険も増大します。林業不振は山村の暮らしを困難にし、過疎化がますます進んでいます。

杉の生長のピークは植林後30～60年といわれ、戦後植林された杉は、今がその間伐の時期になっています。この杉の間伐材をセルフビルドに楽しみながら使うことによって、日本の林業や山村の暮らしを少しでも支えることができたら、すばらしいことです。

日本が世界に誇るすばらしい杉材を
もっと見直そう！
もっと利用しよう！

3 主役は杉の間柱材、持ち運びも加工も簡単で安い

間柱パレット工法の主役は、杉の間柱材です。間柱材は一般に柱と柱の間に取り付けられ、壁材を取り付けるための下地材として使われます。住宅の建築現場などでは見かけますが、建物の完成後は壁の下に隠れてしまう裏方の木材です。

間柱の幅は柱と同じで、厚みが柱のだいたい1／4です。寸法は幅105㎜×厚さ27㎜とか120㎜×27㎜などがあります。長さは3ｍと4ｍが多いです。間柱材は柱材をとった残りの部分からとったものが多く、あまり太くない小径木(直径30㎝未満)から柱をとった場合でも、下図のように4枚の間柱がとれます。

木材の強度は、樹心に近い10年目の年輪くらいまでは繊維の長さが短いため劣ります。樹の心から柱分離れた部分からとった間柱は、品質も強度も安定しています。また、杉は水分が多く比較的乾燥させにくい木ですが、間柱は柱と比べて薄いので人工乾燥でもはるかにエネルギーを使わずに、状態のいい乾燥材に仕上がります。製材所の乾燥機の場合、杉の柱材は120℃の高温乾燥で1週間くらいかかりますが、間柱材だと75℃の中温乾燥で4日くらいでできてしまいます。そのため、間柱材は3ｍのもので500～600円、4ｍのもので700～800円と非常に安価です。さらにいいことには、間柱材は壁の下地に欠かせないので、どんな材木屋さんやホームセンターでもすぐに手にはいります。そして何より軽くて、女性1人でも簡単に持ち運びができます。

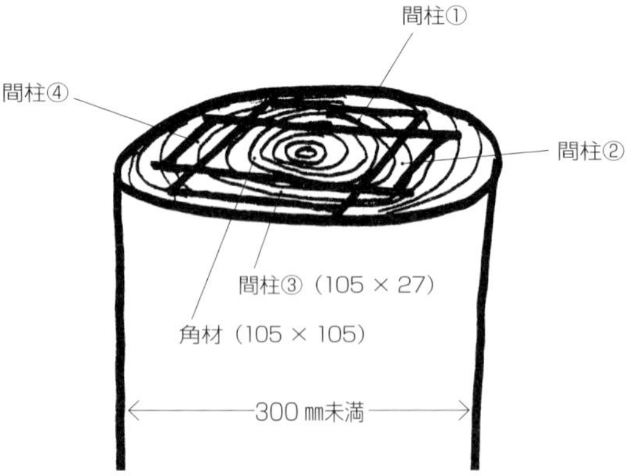

図1　小径木から4本できる間柱

ホームセンターなどで売られている間柱材
(5本1束で売られている)

間柱材はND材がおすすめ

間柱材には、乾燥の仕方によって、グリーン材とＮＤ材、ＫＤ材などの種類があります。グリーン材とは、生の木を製材しただけのものです。乾燥していない状態ですので、乾燥するとひずんだり反りがはいったりします。ＮＤ材は生の木を桟木の上で寝かせて自然乾燥させたものです。ＫＤ材は乾燥機に入れて機械乾燥させたものです。

杉材は水分が多いので、十分に乾燥させないとゆがみが生じます。市販されているＮＤ材、ＫＤ材は、乾燥させたあと、機械にかけて表面を削り、ゆがみをとっています。そのため寸法の狂いが少なく扱いやすいです。水分が少ないので軽いという利点もあります。値段も乾燥材はグリーン材より2割から3割高い程度なので、素人には乾燥したＮＤ材とＫＤ材がおすすめです。特に地球環境も考えると自然乾燥のＮＤ材が一番のおすすめです。

4 こうすれば薄い間柱も柱材に変身

柱材は幅と厚みが同じですが、間柱材は幅と厚みに4倍ほどの違いがあります(幅105㎜、厚さ27㎜)。このため、たわみの程度は、幅方向と厚み方向では16倍の差にもなります。この間柱の欠点は、コーススレッドビスで重ね合わせたり、L字に組んだり、格子状に枠組みをすることによって解決できます。

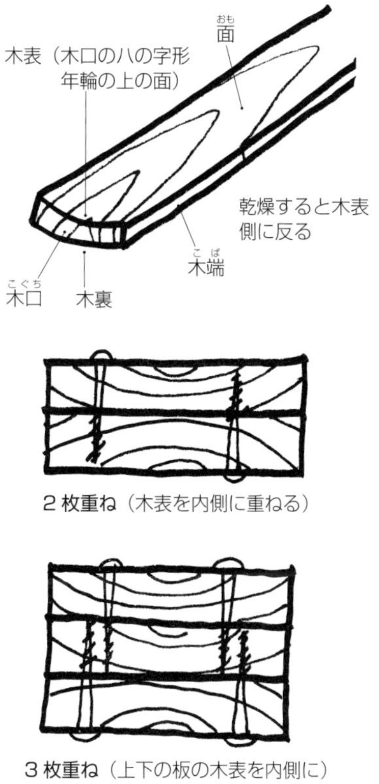

図2　板の部位の呼び方と重ね合わせ方

❶重ね合わせて接合

第1は面《おも》と面を重ねてビスで接合する方法です。重ね合わせる面に接着剤(デンプン質のノリやカゼイン木材用接着剤など)を塗ってビスで留めると、接合力が非常に強化されます。間柱パレットハウスの土台や屋根トラスは、この間柱の重ね合わせた部材を使います。

乾燥しても反り返らないよう、重ね方には工夫があります。間柱のほとんどは木口《こぐち》の年輪がハの字型の板目になっています。ハの字の狭い側を木表《きおもて》、広い側を木裏《きうら》と呼びます。木表と木裏では乾燥したときに収縮する度合いが違い、木表のほうが縮むために、乾燥すると木表側に反り返ります。この反りを防ぐためには、木表側を内側にして接合します(3枚重ねのまんなかはどちらの向きでもよい)。

❷T型やL型に組む

間柱の面《おも》にもう1枚の間柱の木端《こば》を直角に当て、木面からビスで留めてT型やL型に組むと強度が増し、たわみにくくなります。根太《ねだ》はT型間柱を使います。

❸格子状のパレットを作る

さらに、そのT型やL型の部材の木口や木端に、間柱の面を当てて枠を組むと、堅固な格子状のパレット(枠組)になります。面と面との重なりに、前述した接着剤を塗ると接合力が一段と高まります。

間柱パレットハウスでは、このしくみで壁パレットや桁パレットをつくり、四面の壁に連結して組み、屋根や内・外装材を支えます。

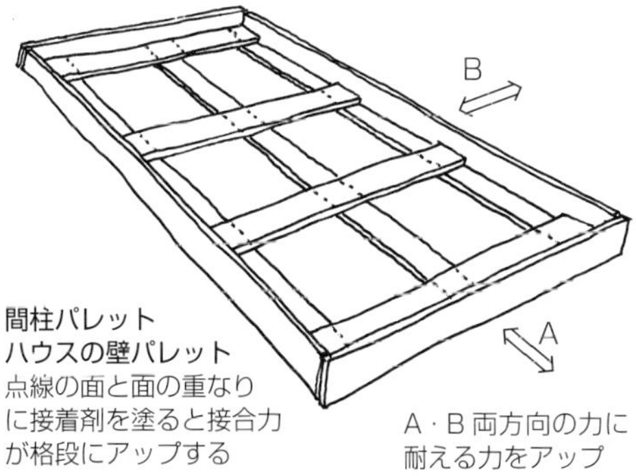

図3
間柱材をL字や格子状に組んでつくる壁パレット

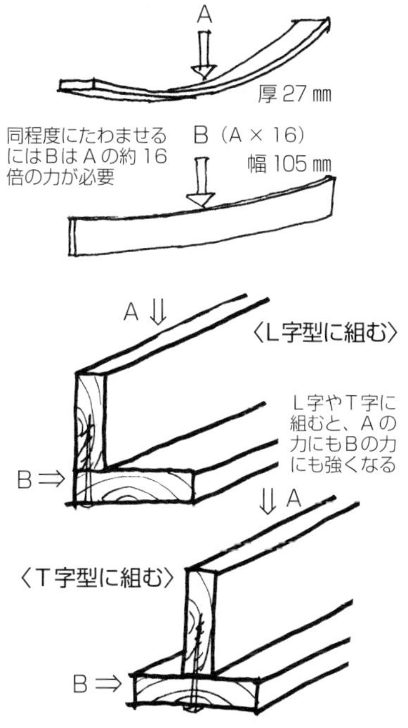

図4　間柱材をL字、T字に組んで強化

5 基礎は基礎金物と鋼製束金物で超簡単

素人が小屋をつくるとき、第1の大きなハードルとして立ちはだかるのが、整地・基礎づくりです。現在の家の多くは、土台を据える位置に溝を正確に測量して掘り、砂利で固めて枠で囲い、鉄筋を入れてコンクリートを流し固めて、水平の頑丈なコンクリート基礎をつくります。このような土木技術は、土木機械もない素人には技術的にも労力的にも困難で、セルフビルドでも基礎だけは職人さんに頼むことが多いようです。

ちいさい家では、強風の心配がなければこのようなコンクリート基礎はあえて必要ありません。昔はほとんどの木造建物が石の上に柱を立てただけの石基礎でした。地上部ががっちり一体に組んであれば、コンクリート基礎に固定しないほうが地震に対して壊れにくい面があります。また建築基準法の木造規定では、地盤が軟弱でなければ 50 ㎡以下の木造平屋については、コンクリート基礎に限らなくてもよいことになっています。

そこで、間柱パレットハウスの基礎もジョイント柱ハウス基礎も、ある程度の厚みをもち防錆の処理を施した特製の基礎金物＋鋼製束金物方式を導入しました。これなら簡単に整地し､基礎金物の接地部分だけを鎮圧するだけです。土台をパッタン馬の上で水平・直角に組んでから基礎金物を取り付け、整地した地面に下ろすだけで、基礎と土台が完成します。下ろしてから基礎金物のネジを回すだけで容易に土台の水平が調節できます。

基礎金物や鋼製束金物は鉛直荷重に対しては十分な耐力ががあります。重みで基礎金物が地面に沈んだ場合は容易に調節できます。そして何より、後のちの移設などが簡単にできます。

地面に固定されていないので地震よりも風が問題になります。関東の内陸の平野部で建物を設計するときの最大風速は 34 m／秒ですが、計算上この3坪ハウスはそのくらいの風でひっくり返ったり､大きく変形したりはしません。周りに建物や木々がある場所ならより安全です。海沿いの風の強い吹きさらしの場所で心配な場合は、右図のようなアンカーを基礎金物の横に打ち込み、基礎金物とワイヤーなどで結び付けておくと抵抗力が強化されます。

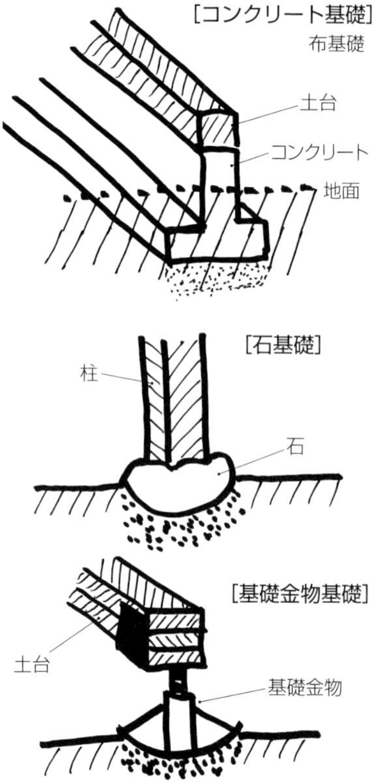

図５　基礎の種類

基礎金物を基礎とする間柱パレットハウス

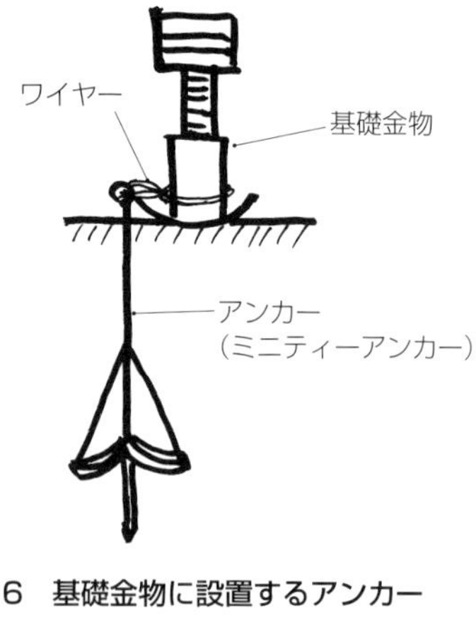

図６　基礎金物に設置するアンカー

6 難しいほぞ・ほぞ溝掘りは無用

素人が在来工法でセルフビルドする場合の第２ハードルは、土台や柱、梁・桁などに使う柱材を縦・横・垂直に骨組みするために必要な「ほぞ・ほぞ溝」つくりです。ノミなどを使ってつくるこの複雑な「ほぞ・ほぞ溝」の精度が悪いと、構造上の致命的な弱点になってしまいます。素人のセルフビルドでは、ツーバイフォー工法が多い理由も、このほぞ、ほぞ溝をつくる必要がないからでしょう。

間柱パレットハウスは、柱材は使わず、ほぞ・ほぞ溝は図７のように３枚重ねのまんなかの間柱を突出させて凸状にすればほぞとなり、カットして凹状にすればほぞ溝になります。凹部に凸部を差し込み、ビスで固定すれば接合できます。ノミは必要ありません。

ジョイント柱ハウス工法も、在来工法と同じく柱材を使う軸組み工法ですが、ほぞ・ほぞ溝は無用です。右下写真のようなセルフビルド用に開発した「三面ジョイント金具」（特許申請中）で縦・横・垂直の柱材（土台の縦・横と柱、梁・桁と柱）をコーチボルトで留め、上下の三面ジョイント金具を斜めにボルトで締めるだけで、堅固に接合します。

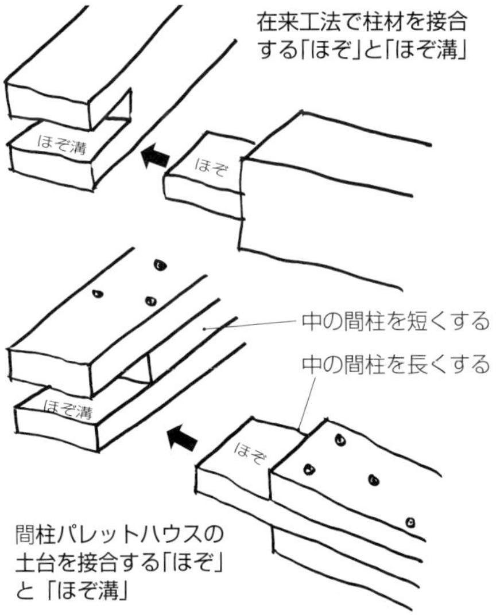

図７　間柱で凹凸をつくれば、ほぞ・ほぞ溝つくりは無用

三面ジョイント金具で柱材を三次元接合するジョイント柱ハウス

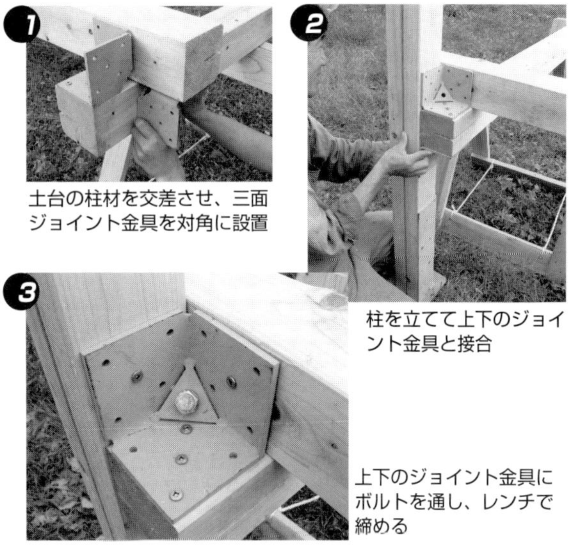

1 土台の柱材を交差させ、三面ジョイント金具を対角に設置

2 柱を立てて上下のジョイント金具と接合

3 上下のジョイント金具にボルトを通し、レンチで締める

7 垂直、直角、水平調整も簡単

素人のセルフビルドでもうひとつ難しいことは、柱を土台に対して垂直に立て、桁・梁を柱と直角、水平に設置し、固定して組むことです。１カ所を調整すると隣接する側がゆがんでしまったり、仮筋かいを入れたりなど、なかなか難しいのです。

間柱パレットハウスでは、土台をパッタン馬から地面に下ろしたら、床盤→壁パレット→屋根→外壁→内壁の順に設置していきます。柱でなく間柱を枠組みした四角形の壁パレットを床盤の上にのせて、壁パレットどうしをビスで堅固に接合し、桁パレットでさらに連結して固定します。そのため、壁パレットを寸法通りに正確に直角の四角形につくれば、自ずと壁面に垂直に、桁・梁面は水平になります。ジョイント柱ハウスも、三面ジョイント金具を正確に設置位置に取り付ければ、三面ジョイント金具の三面が垂直、直角、水平になっているので、柱のこの調整もさほど難しくはありません。

8 屋根の骨組みも間柱屋根トラスをのせるだけ

壁パレットを設置したら、屋根づくりになります。在来工法では梁の中央に束(小屋束)を立て、棟木を上げて束にのせ、垂木を棟木と桁に渡して屋根の骨組みをします。重い棟木を上げたり、高いところの組み立て作業となり大変です。

間柱パレットハウスもジョイント柱ハウスも棟木は使わず、写真のような間柱を重ねて力骨（束）と垂木と屋根梁を組んだ屋根トラスを前もってつくっておき、これを桁パレットの上にのせてＬ字アングルで固定します。間柱でつくった屋根トラスは軽いので、２人で持ち上げれば簡単に設置できます。設置後はまだ左右にぐらつきますが、三脚にのって両サイドの垂木の先端から、厚さ 24 ㎜の野地板（屋根材の下地板）を４、５枚張れば、上にのっても左右にグラグラしなくなり、安全に作業ができます。

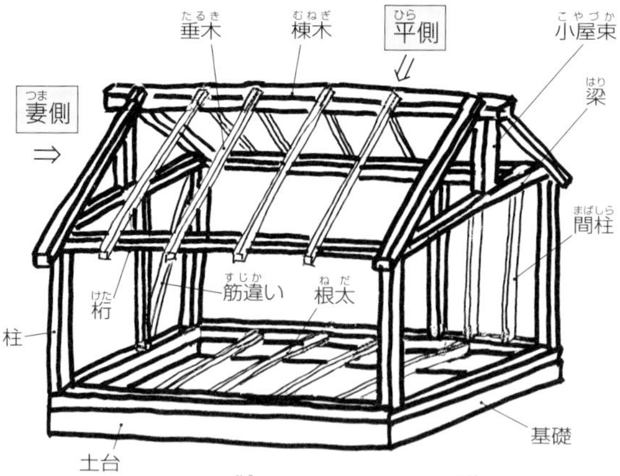

※棟木と平行の側面を「平側《ひら》」、直交する側面を「妻側《つま》」という。

図８　在来木造住宅の構造と名称

屋根トラスは２人いれば設置できる

9 床も外壁、内壁も無垢《むく》の杉板張り

間柱パレットハウスもジョイント柱ハウスも、床板、屋根の下地板、外壁、内壁のすべてに無垢の杉板を使います。板張りは塗り壁などと比べても容易で、ビスを使えば分解・移設も可能です。床板は厚さ 30 ㎜の本実《ほんざね》の杉板、外壁は、厚さ 15 ㎜の荒床板《あらゆかいた》（本来は和室の畳の下に敷く下地板）の下見板張《したみいたば》り、内壁には厚さ 12 ㎜のあいじゃくりの羽目板《はめいた》を用います。

木造の家の一番の敵は湿気です。壁や床下内部に湿気がこもらず、たとえ水でぬれてもすぐ乾くことが重要です。このようなシンプルな板張りに、次のような雨漏り・防湿、保温・防音対策を施します。

床板と外壁板を張る前に、床と壁には保温性を高めるために断熱材を入れ、壁には全面に透湿防水シートを張ります。屋根は野地板を張ってから、防音断熱材を敷き、さらに防水のルーフィングを敷いてから屋根材（金属板）を葺きます。

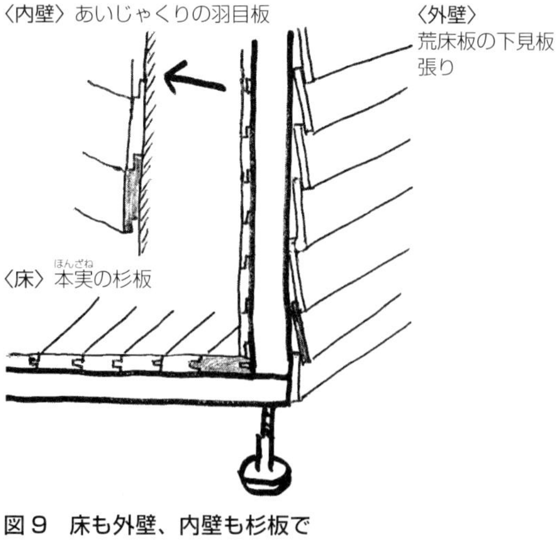

図９　床も外壁、内壁も杉板で

10 道具はこれだけでOK

間柱パレットハウスもジョイント柱ハウスも、大きな工具は必要ありません。必要な電動工具は、ビスを打つインパクトドライバーと木材を切る電動丸ノコだけです。

❶インパクトドライバー

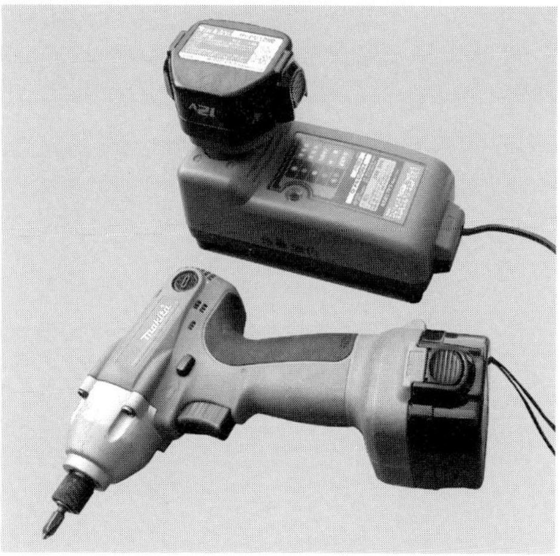
インパクトドライバー（下）と充電器とニカド電池（上）

ビスに打撃を与えて回して締め付けたり、はずしたりする強力ドライバーです。ホームセンターに行くとほぼ同じ形状で同じ用途に使える"ドライバードリル"も売られていますが、小屋つくりではドライバードリルではパワーが足りないので、インパクトドライバーをおすすめします。

電源の取り方によって、コンセントからコードでとる差し込みタイプと、充電器が内蔵された充電式とがあります。私はコンセント差し込みタイプと充電器タイプをひとつずつ持っています。差し込みタイプは延長コードを引っ張る必要があるのでやや煩雑で、電源が近くにあることが必須条件ですが、電池切れの心配はなく、値段も安いです（参考価格15,000円前後）。

機動性のいい充電式は、充電器の種類でニカド電池のもの（参考価格23,000円前後）とリチウムイオン電池のもの（参考価格43,000円前後）があります。ニカド電池は使い切ってしまわないよう、常時継ぎ足し充電します。しかも消耗品で電池の耐用年数は1～2年だといわれています。一方、リチウムイオン電池は、値段は高いですが、耐用年数が長いようです。こちらは電池を使い切ってから充電します。

❷丸ノコ

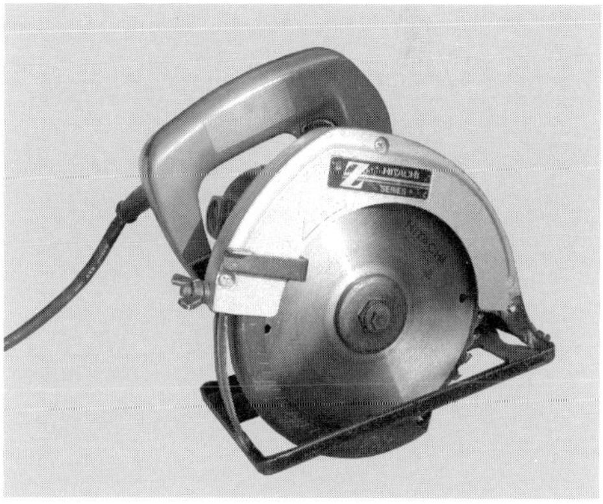
丸ノコ

材木を曲線で切る場合はジグソーが便利ですが、直線で切断する場合は丸ノコが非常に便利です。ただし、丸いノコギリ刃が急にキックバックする危険もあるので、取り扱いは注意が必要です（23ページ参照）。

最近の機種はすべて、スイッチを離したあとすぐにノコ刃が止まるようにブレーキ装置がついています。古い機種の中にはブレーキがないものもありますが、作業性が悪く危険なのでなるべく使わないようにしてください。種類はノコ刃の径が165㎜のものと190㎜の2種類がよく売られています。

機種を選ぶポイントは、機械の重さと最大切り込み深さです。重さは軽いほど扱いやすいです。最大切り込み深さは深いほうがよいですが、66㎜以上あれば十分です。（参考価格：刃径190㎜・3.3kg　18,000円、刃径165㎜・2.3kg　32,700円）。最大切り込み深さは、間柱2本＋コンパネ1枚分（丸ノコ定規の厚み）の厚み66㎜が1回で切れると便利です。190㎜のタイプか、165㎜でも66㎜の厚みまで切れるタイプを選んでください。

❸メジャーとサシガネ

メジャーはいろいろありますが、測定長さ5.5 m、幅19 ㎜以上のものでポケットに入るものがあれば十分です。金属性で幅広のものだと高さを測るとき自立できます。また先端のフックにクギを打てる穴があると仮留めしやすく重宝です。土台などの直角調整の際に対角に張るために2個必要です。

サシガネ（指し金）はカネジャク（曲尺）ともいい、長さや直角を測るときに使います。丸ノコの刃の垂直を確認するときにも使います。

❹水平規（気泡管水平器）

土台や柱などの水平、垂直を測るときに必要です。土台の水平を測るには3個、柱の垂直を測るには2個必要です。できるだけ長いもので、垂直を測る気泡管（長辺に直角の向きの気泡管）もついているものを選びます。

❺タッカー

透湿防水シートやルーフィング（屋根の防水シート）を下地板に留める大型のホッチキスです。たたいてステープルを打つタイプもありますが、素人には写真のような押して打つタイプが使いやすいです。

❻コーキングガン

シリコンシール材ですきまを埋めたり、欄間に使う中空ポリカの通気止めにも使います。

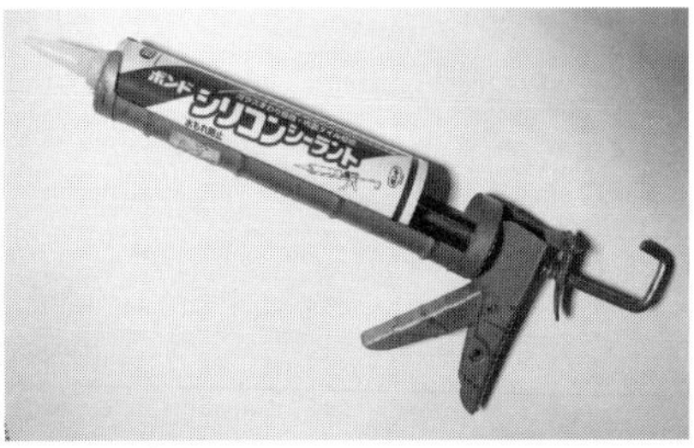

コーキングガン

●そのほかの道具

ハンマー、金ヅチ、木ヅチ、カッター、ノコギリ、金切りバサミ、ペンチ、スパナー、レンチ、錐《キリ》ヤスリなど。

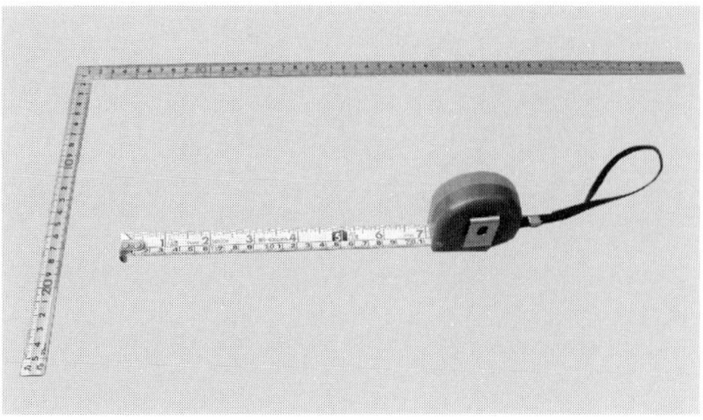
サシガネ（上）とメジャー（下）

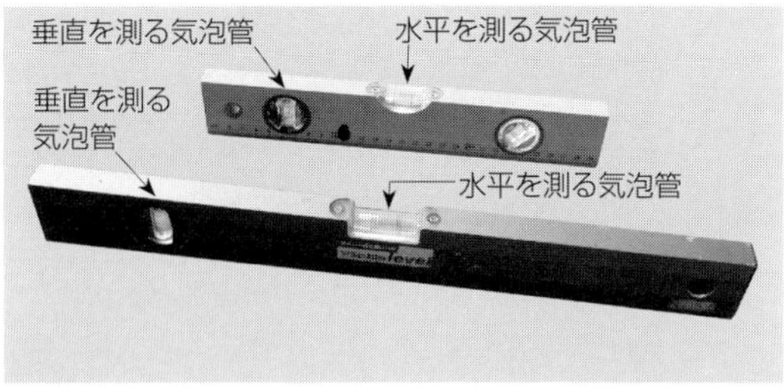

水平規

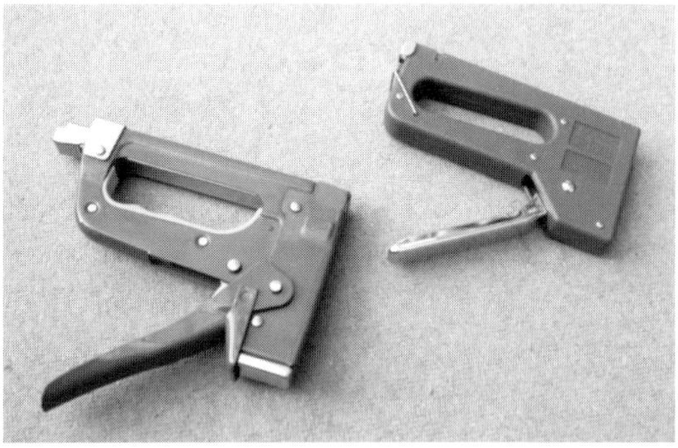
タッカー

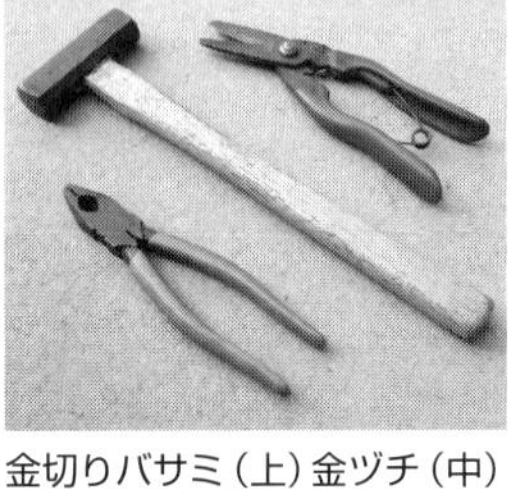
金切りバサミ（上）金ヅチ（中）
ペンチ（下）

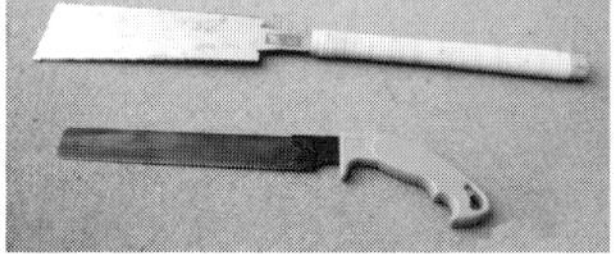
ノコギリ

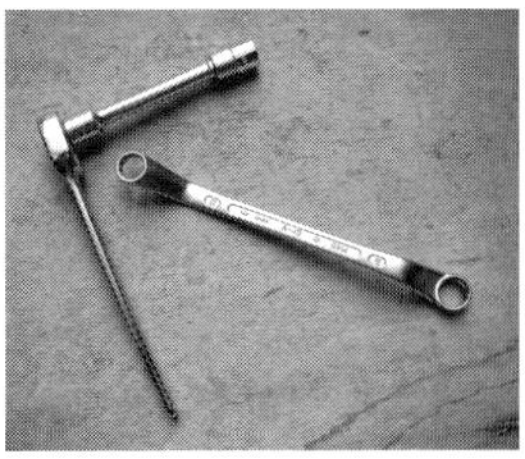
レンチ（上はラチェットレンチ）

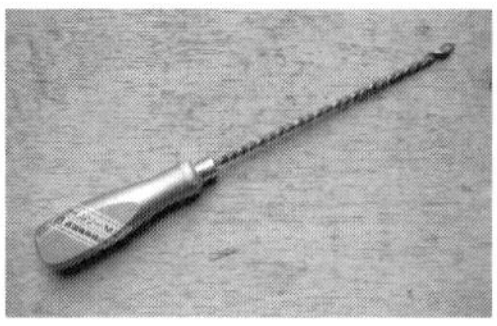
錐ヤスリ

2 切る！ 打つ！
基本テクニック

1 丸ノコで切る

●作業前にノコ刃の角度と高さ調整

丸ノコは材木を直線的に切断する、大変便利な道具です。しかし、むき出しの丸いノコ刃が下から上方向に高速回転するため、次に述べるキックバックの事故などに十分注意する必要があります。

作業にはいる前に、ノコ刃の角度と高さ（切り込みの深さ）を調整します。ノコ刃角度の調整で切断面に傾斜をつけることができますが、ここではすべて垂直に切るので、下の写真のようにノコ刃とベースプレートが直角になるよう、サシガネを当てて確かめ、ノコ刃角度調整レバーを調整します。

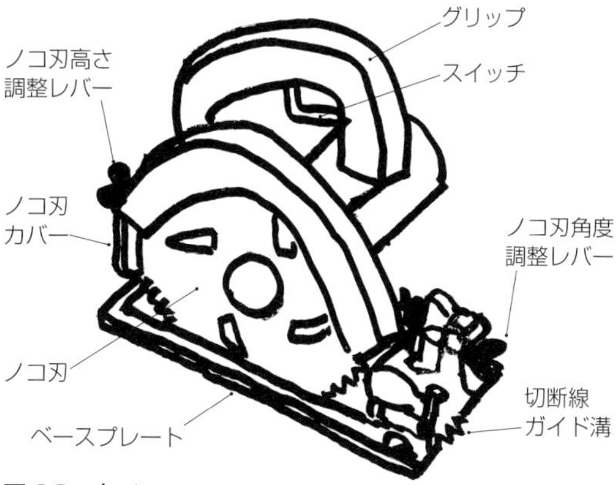

図 10　丸ノコ

次にノコ刃の高さ（ノコ刃がベースプレートの下に出る長さ）を測ります。この長さは切断する材木の底面から５～８㎜くらい出るくらいが適正です。長すぎると材木とノコ刃の接触面が多くなるため、キックバックを起こしやすくなります。丸ノコ定規を当てて切る場合は、「丸ノコ定規の厚さ＋切る材木の厚さ＋５～８㎜」となるよう、ノコ刃高さ調整レバーで調整します。

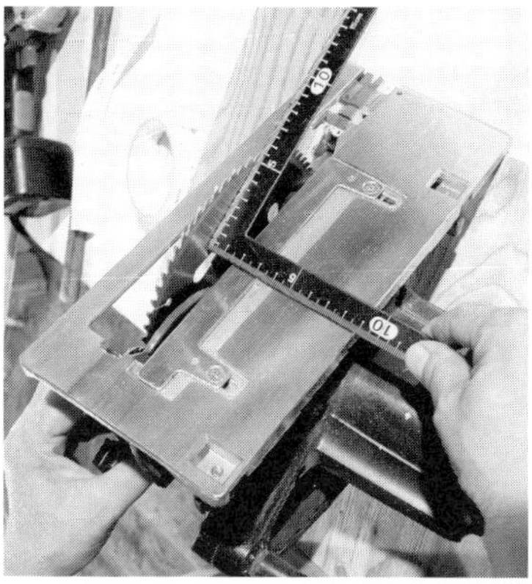

ベースプレート底面とノコ刃が直角になっているかをサシガネで見て、ずれていたら角度調整レバーをゆるめて調整する

●キックバックを防ぐ切り方

丸ノコ作業で一番恐ろしいのはキックバックによる事故です。キックバックとは、切断中の材木がたわんでノコ刃を強く挟みつけ、ノコ刃の回転にブレーキがかかり、その反動で丸ノコ全体が急に後ろに跳ね上がってバックしてくる現象です。ノコ刃が作業する人の手足や体に接触すると大怪我となります。

ノコ刃が出すぎているとキックバックを起こしやすい

ノコ刃が部材よりも少し超える程度（５～８㎜）

丸ノコ定規を当てて切るときは丸ノコ定規の厚さ＋切る材木の厚さ＋５～８㎜とし、ノコ刃高さ調整レバーで調整する

キックバックを防ぐには、以下のような細心の注意が必要です。

①作業はパッタン馬などの腰の高さの作業台の上に切る材木の全体をのせ、できるだけ体をノコ刃の真後ろに置かないようにします。

②切断中に材木がたわんだり、切り落とす側がねじれて垂れ下がったりしてノコ刃を強く挟みつけないよう、下図のように切る材木の両端とノコ刃の左右に枕をします。

③少しでもノコ刃が挟みつけられて回転数が落ち始めたら、スイッチを切って挟み込まないようにしてから切り直します。

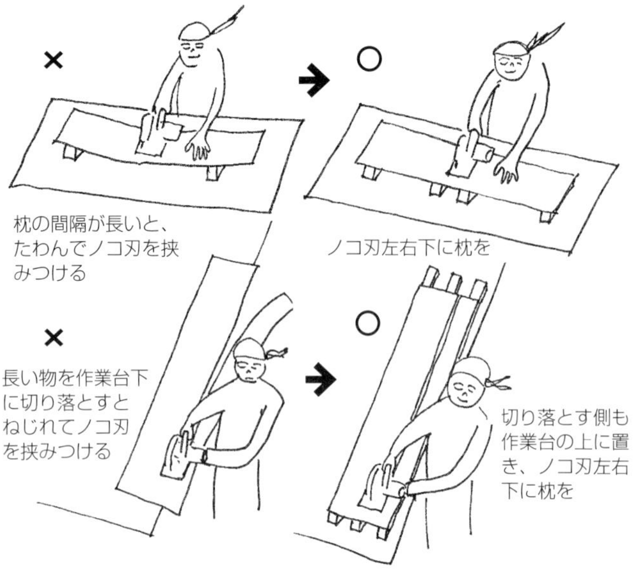
×
○
枕の間隔が長いと、
たわんでノコ刃を挟
みつける
ノコ刃左右下に枕を
×
○
長い物を作業台下
に切り落とすと
ねじれてノコ刃
を挟みつける
切り落とす側も
作業台の上に置
き、ノコ刃左右
下に枕を

図 11　キックバックを防ぐ切り方

長い作業台を用意し、下に木端を敷いて、ノコ刃左右に枕をして切るとキックバックを起こしにくい

●同じ長さにいくつも切る場合は…丸ノコ定規を固定した定規をのせて切る

同じ長さに切る場合は、それぞれにスミツケをするよりも、最初に切る部材に切断線に沿って丸ノコ定規をビスで固定し、それを次に切る部材の上に置いて切ると、スミツケせずに正確に切れます。

スミツケは、そのつど測って線を引くので誤差が生じやすいです。（丸ノコ定規のつくり方は29～32ページ参照）。

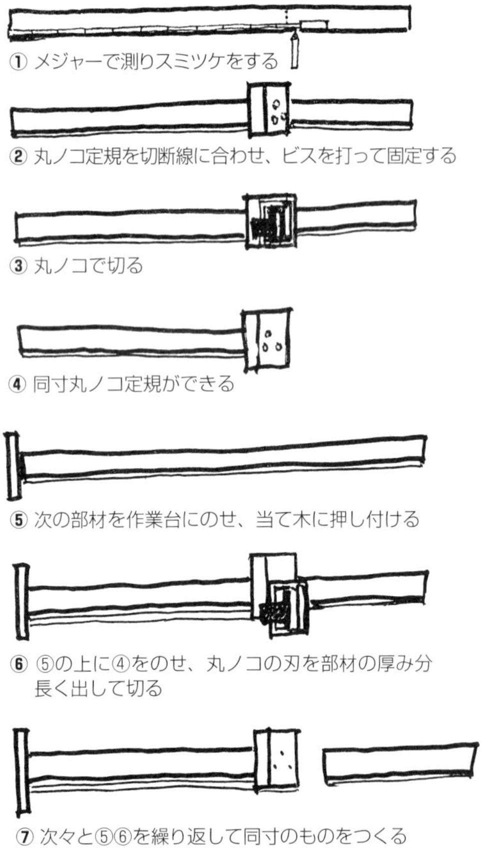
① メジャーで測りスミツケをする
② 丸ノコ定規を切断線に合わせ、ビスを打って固定する
③ 丸ノコで切る
④ 同寸丸ノコ定規ができる
⑤ 次の部材を作業台にのせ、当て木に押し付ける
⑥ ⑤の上に④をのせ、丸ノコの刃を部材の厚み分長く出して切る
⑦ 次々と⑤⑥を繰り返して同寸のものをつくる

図 12　同じ寸法の部材を切る手順

2 インパクトドライバーでビスを打つ

●ビスの種類と選び方

①クギの代わりに使うコーススレッドビス

性能のよいインパクトドライバーができたことなどから、最近では、プロの大工さんでもビス（ねじ）を使う人が増えてきました。図のように、クギとビスでは接合する力（引き抜きに抗する力）メカニズムが違います。

クギの場合は、接合する板を下地板に押し付け、クギと材木との摩擦力で留めています。ビスの場合は、ビスのネジ山と材木のかみ合わせの力で留めています。そのためビスは接合が強く、特に焼き入れしたコーススレッドビスは、ピッチが長くねじ山の山が高く、接合力がクギの5倍以上といわれています。安価でクギ代わりに使えるうえ、引き抜いて何度もやり直したり分解移築も簡単で、再利用もできます。

コーススレッドビスを選ぶ際には、材質、ビスの長さ、ネジ部分の長さ、ネジの形状、ビスの頭部の形状、太さなどに注意します。材質は鉄製でメッキしたものと、雨のかかる屋根やウッドデッキに使うステンレス製など、いろいろあります。アルミサッシ窓に鉄製ビスを使うとアルミを腐食させてしまうので避けましょう。

②長さは接合する板の厚みの2倍以上が目安、木口留めは3倍以上に

ビスの長さは接合する板の厚みの2倍以上が目安ですが、板と板を接合する場合は2倍以下にしないと突き抜けてしまうので、厚さ27㎜の間柱材には51㎜、厚さ12㎜の羽目板には28㎜が標準です。

ただし、前述したように年輪が重なっていない木口に打つ場合は、3倍以上の長さが必要です。間柱を間柱の小口に打つ場合は90㎜のものを使います。間柱を土台に強固に接合する場合も90㎜を使います。

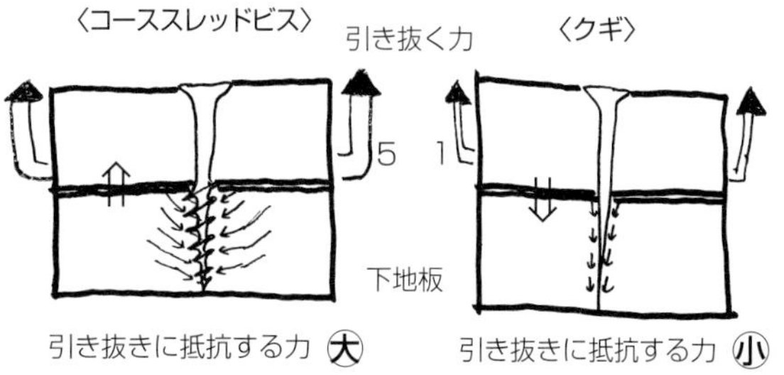

図13 コーススレッドビスはクギと比べ、5倍以上の引き抜く力に耐える

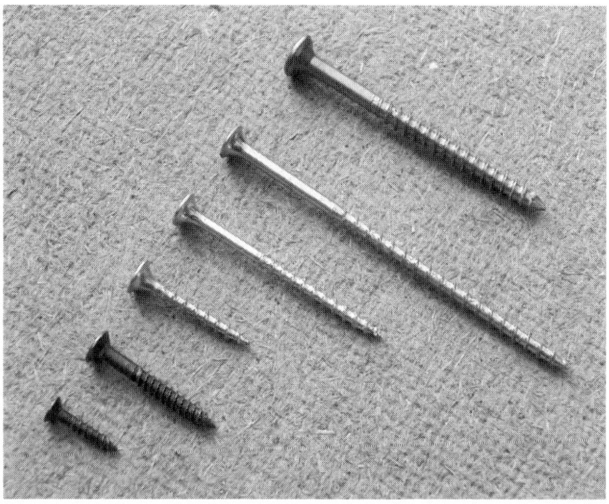

左から、サッシ用ステンレスビス短と長、コーススレッドビス28㎜（屋根材・内装材・根太留め用）、同51㎜（間柱どうしの面・木端を留める）、同90㎜（間柱の木口に留める、間柱と土台を留める）、コーチボルト60㎜（基礎金物を土台に留める）

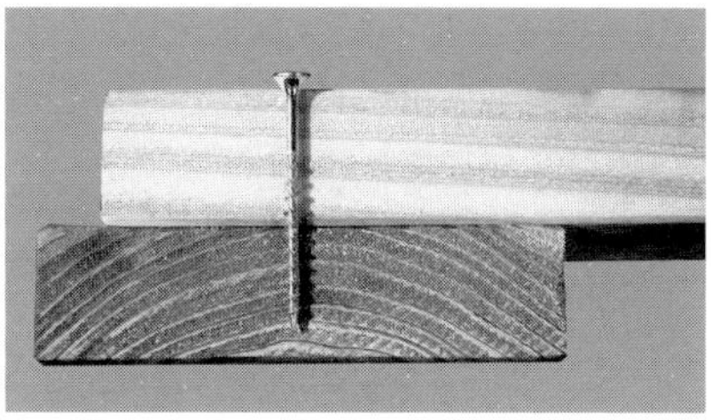

ビスの長さは接合する板の2倍前後が標準

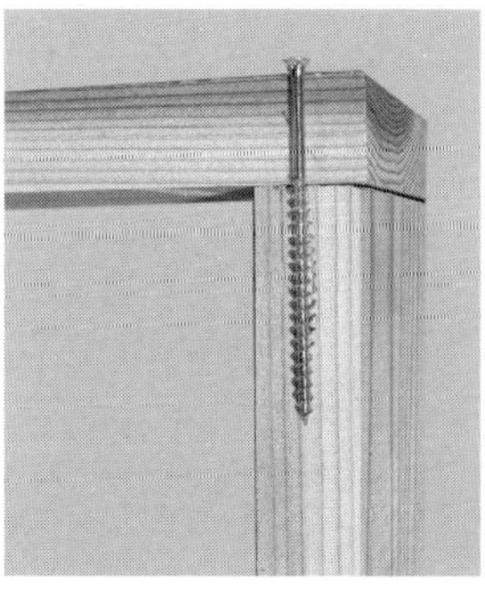

木口に打つ場合は、接合する板の厚さの3倍以上の長さのビスを

③半ネジを選ぶ

ネジ山が頭部の下までついているものを全ネジ、頭部寄りにはついていないものを半ネジといいます。全ネジはトタン板や薄い板を接合する場合に使い、一般的には半ネジを使います。間柱を下地板に接合する場合、51 ㎜のコーススレッドビスはネジ山のない部分の長さが間柱の厚みと同じくらいなので、下地板をしっかり引きつけピッタリとくっつけます。

ビスは材木にできるネジ山が接合力の源泉です。ビスの打ち方で重要なことは、ビスの頭が板面まで打ち込まれた後に、さらにしばらく回転させて下地板を引きつけて打ち込むことです。

下図は、ビスが打ち込まれるプロセスです。ビスが頭部まで打ち込まれた段階では、接合する板と下地板の間にはすきまがあります。半ネジはこの段階からさらに打ち込むと、ネジ山のない上部は空回りをして下地板を引きつけるようにしてさらに深く入ります。ところが、全ネジだと上部までネジ山があるため空回りせず、ビス頭がもぐるだけで下地板を引きつけず、すきまが残ります。

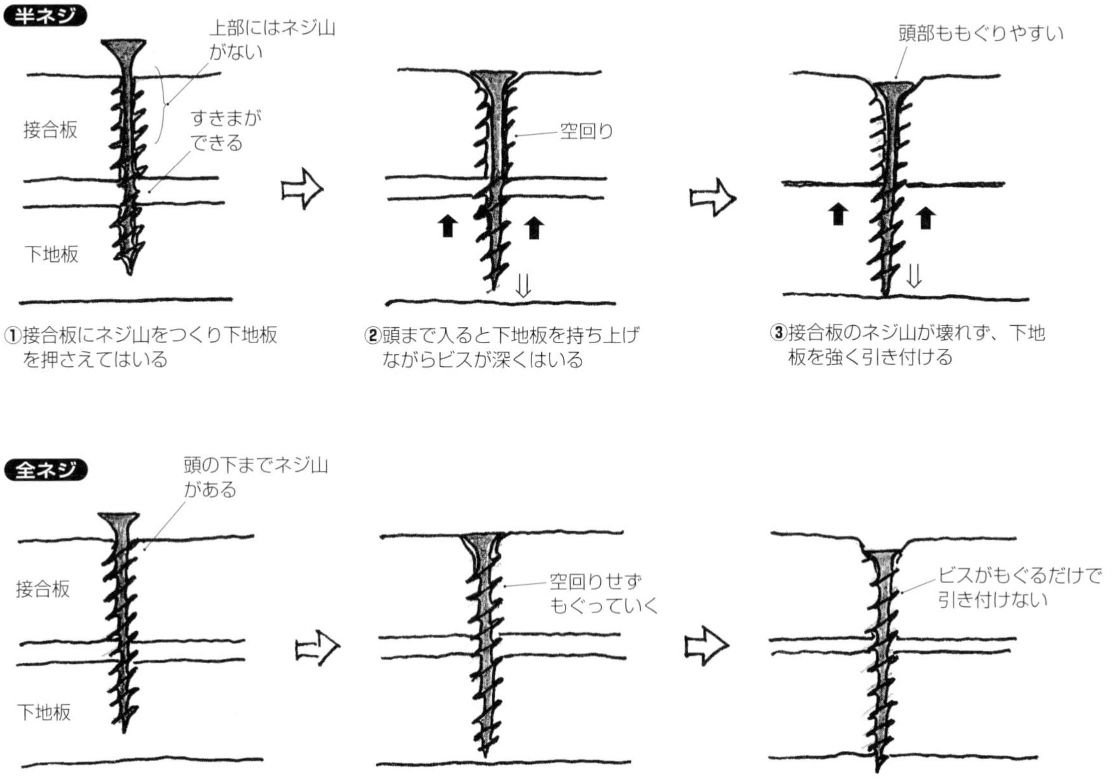

図 14　全ネジでは板をピッタリくっつけられない

④杉材にはシンプルなコーススレッドを

ビスの中には、1 回転でより深くはいり込むよう高いネジ山と低いネジ山を交互につけた 2 条ネジや、さらに先端をカットして先割れ加工したビスがあります（27 ページ上写真の右のビス）。このようなビスはカットされた先が錐（キリ）の役目をするので、硬い木でも簡単に打ち込めます。また板の端部に打つ場合でも下穴をあけなくとも割れる心配がありません。

しかし、カットされたビスの先端部が材木にネジ山ができる部分を切りながら進むため、不完全なネジ山となり引き付ける力が弱くなってしまいます。そのため、杉などの軟らかい板の木口に、ビスの頭が板まで打ち込まれるとビスが空回りしてしまい、板のネジ山を壊してしまいます。

軟らかい杉材を使う間柱パレットハウス、ジョイント柱ハウスには、一番安いコーススレッドビスを選びます。

また、ビスの頭の形状では、頭部がよく材木にもぐり込むよう、頭の裏にネジ山のような筋が何本かついたものがあります。これも硬い木用で、軟らかい杉には必要ありません。

なお、木材に構造的に重要な部分に金物を接合する場合には、強度が強く、空回りしてビス穴を壊さないよう、金物まで打ち込むと金物に食い込んで回転がストップするコーチボルトを使います。基礎金物にも三面ジョイント金具にも、このコーチボルトがセットになっています。

２条ネジで先端がカットされた内装ビス（写真右）は、硬い木でも容易に打ち込むことができるが、軟らかい杉の木口の場合はネジ山が壊れやすく引き付ける力が弱くなる

頭部にギザギザがあり金物に食い込み回転が止まるコーチボルト（頭がボルトになっている）

頭裏に筋があり頭のもぐり込みをよくしたフレキ加工のビス（右）

●ビスの打ち方

①ビット先を選ぶ

インパクトドライバーのビット（先）は、ビスの十字の大きさに合ったものを取り付けます（ビス径5.0未満は＃2、5.0以上は＃3）。

②ドライバーとビスを一直線に構えて押し付ける

打つ位置にビスをネジ山のついていない上部を指で支えて立て、インパクトドライバーのビットを十字穴に差し込み、ビットとビスが一直線になるようにインパクトドライバーを構えて、少し押し付けるようにします。

普通は垂直に打ちますが、斜めに打つ場合も、打つ角度にビットとビスを一直線にそろえます。

最初はビスを軽く指で支えて軽くドライバーを回して打ち込む

ビスが一定にはいったら、ドライバーを両手で押さえ付けるようにして打ち込む

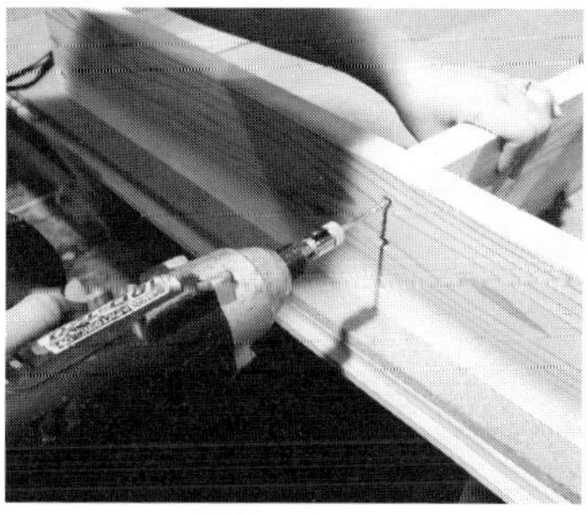

横向きに打つ場合も、打ち込む方向にビスとドライバーを水平に構えて打つ（横から90㎜ビスを木口に打っている）

③最初は軽く回す

最初はビスの元を指で軽く支え、スイッチを少し入れて軽く回して、十字穴にビットがはまってビスがきちんと回っているかどうかを確認し､少し打ち込みます。きちっとはまっていないと、ビットが空回りをしてビスの十字穴が壊れてしまいます。

④押し付けながらビス頭がもぐったらスイッチ OFF

ビスがきちっと回転していたら少し押し付けながら回転を上げ、ビスの頭部が板に接したら、下地板を引き付けるためにさらにもう少し打ち込みます。少しビス頭がもぐり込んで下地板がピッタリとくっついたら、さっとスイッチを切って離します。

また、幅の細い部材や板の端部に接合する場合は、あらかじめキリで穴をあけてから打ち込むと、割れにくくなります。キリはインパクトドライバー用の交換キリがあります。90 ㎜以上の長いビスや硬い木に打つ場合も、あらかじめキリで穴をあけるか、インパクトドライバーのビットで座掘りして、ビスを押し付けやすくすると打ちやすくなります。屋根材など金属板も最初にクギなどで打ち穴をあけておくと、らくに打ち込めます。なお、打つ位置は硬い節の部分は避けたほうがよいです。節の部分は硬くてもろいのでビスが空回りをして、ネジ山が壊れてしまうことが多いです。どうしても節に打つ場合は、シリコンや油などをビスに付着させると打ち込みやすくなります。

●ビス間隔や位置の決め方

ビス間隔は、間隔を狭くしてビスの本数が多くなるほど接合の強度が強くなります。力のかかる部分は間隔を狭くします。仮留めする場合は動かない程度でかまいません。

また、打つ位置は、できるだけ直線的に並ぶ位置は避け、できるだけ千鳥状に打ちます。交差する部分を打つ場合は下図のように、三点留め、四点留め、五点留めと、ビスどうしを結ぶ線が三角形となる位置に打ちます。このようにするとどのような方向からの力にも耐える力が強くなります。

木端を定規にして 300 ㎜間隔に三点留めして接合力を強化（間柱パレットハウスの土台）

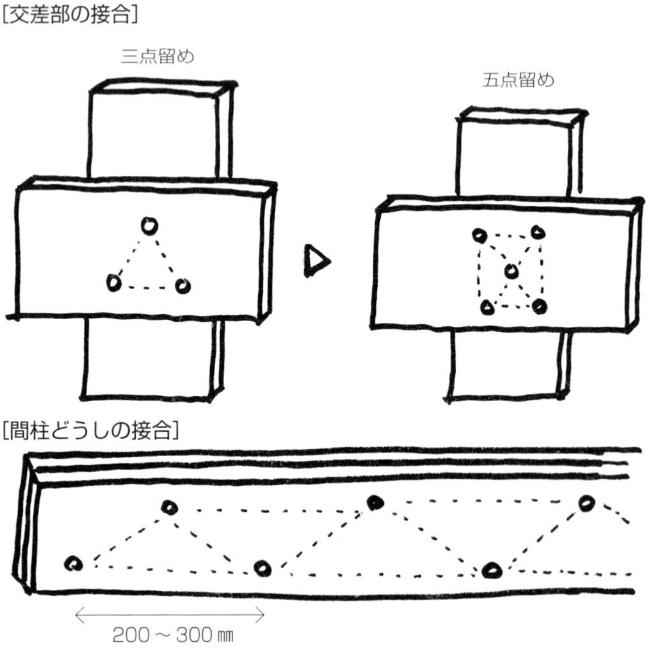

図 15　ビスは三角形に配置

3 MARUNOKOJYOGI 丸ノコ定規をつくる

丸ノコで正確にものを切るための丸ノコ定規や、下見板張りするとき正確に重ね代をとって留める下見板張り定規などの道具を治具《じぐ》といいます。

これらの治具のつくり方は、守谷和夫氏に教えていただいたものです（下見板張り治具については94ページ参照）。

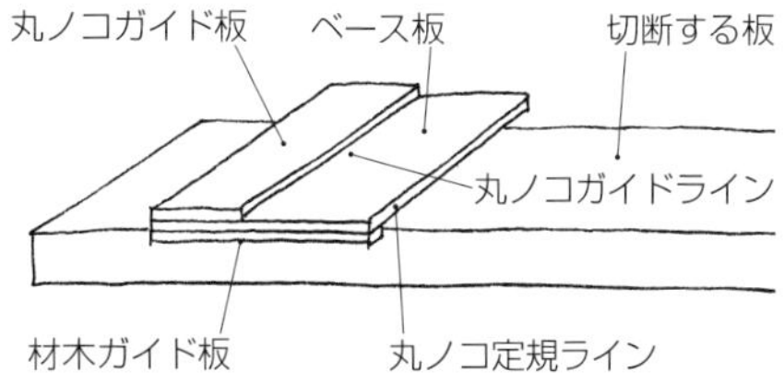

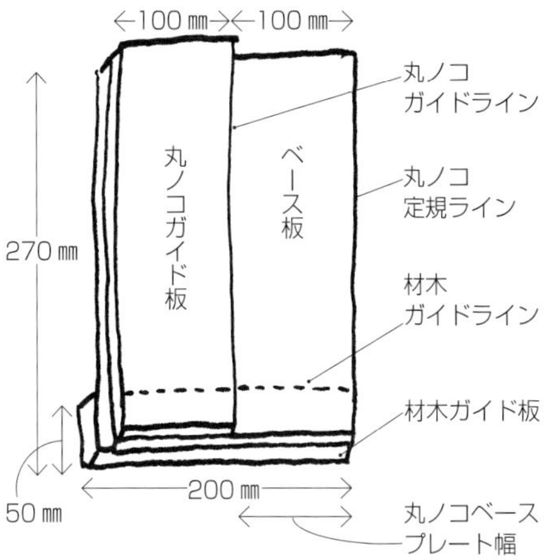

図 16　丸ノコ直角定規の寸法

1 丸ノコ直角定規

この定規があると丸ノコで材木を長手方向の辺に対して直角に簡単に切ることができます。丸ノコのベースプレートの左側を、丸ノコ定規の丸ノコガイドラインに沿って移動させれば、自然とまっすぐ直角に切れます。いくつも同じ寸法で切るときは、この定規を最初に切った部材に固定すれば、長さを測ってスミツケする作業が不要になります。

●必要な材料と道具を準備

構造用合板は機械で直線に、角は直角に切られています。ホームセンターで合板の端材を購入するときは、必ず元の合板の直角が含まれているもの（2辺が正確な直線）を選びます。この直線が丸ノコガイドラインと材木ガイドラインになります。

［材料］

- 厚さ 12 mmの合板…320 mm角くらいの端材（元の合板の角材）
- 枕とする角材　長さ 300 ～ 320 mm…3 本
- 長さ 21 mmのコーススレッドビス…5 本
- 両面テープ…少々

［必要な道具］

丸ノコ　インパクトドライバー

サシガネ　鉛筆　石鹸

1 直角に交差する元の直線の２辺の表と裏に○をつける。この直線辺を丸ノコ定規ラインと丸ノコガイドラインに使う

●スミツケ

まず合板に切断線を鉛筆でスミツケします。ガイド板の幅は丸ノコガイド板は 100 mm、材木ガイド板は 50 mmくらいにしますが、いずれも○印をした直線辺から取ります。残った約 20 cm角がベース板となります。

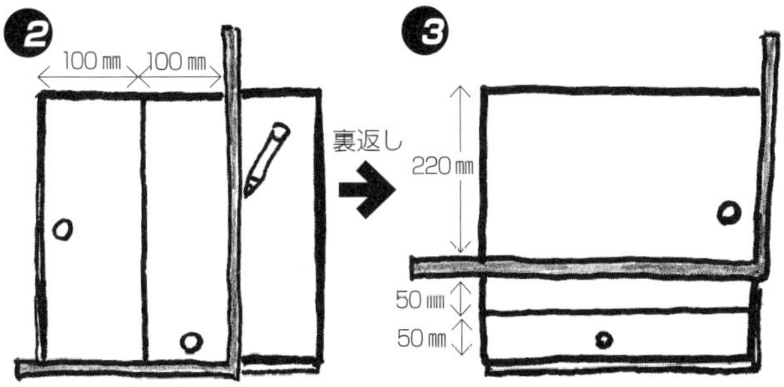

2 ○を印した下辺にサシガネを当て、100 mm間隔に２本、丸ノコガイド板の切断線と取り付け線を鉛筆で引く

3 ②を裏返しし、○を印した右辺にサシガネを当て、50 mm間隔に材木ガイド板の切断線と取り付け線を鉛筆で引く

図 17　スミツケ

●材木ガイド板と丸ノコガイド板を丸ノコで切る

スミツケした合板を図のように、20㎜角くらいの角材を枕をして、切断線に沿って切ります。丸ノコの刃の高さ（切り込みの深さ）は、20㎜くらい（合板の厚さ12㎜＋8㎜）にします。

❹

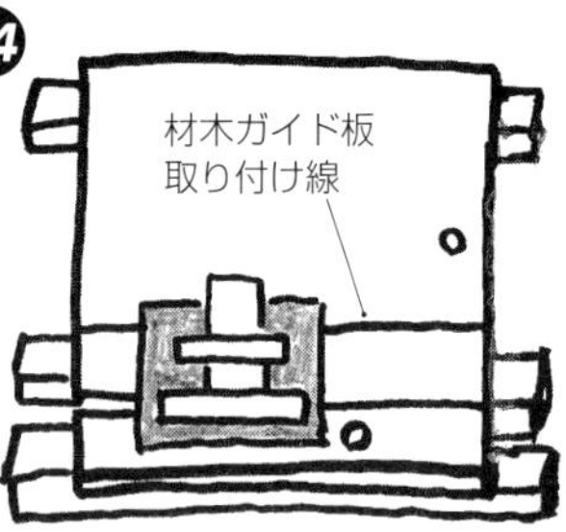

裏返ししたまま、材木ガイド板の切断線にノコ刃を合わせて切る

❺

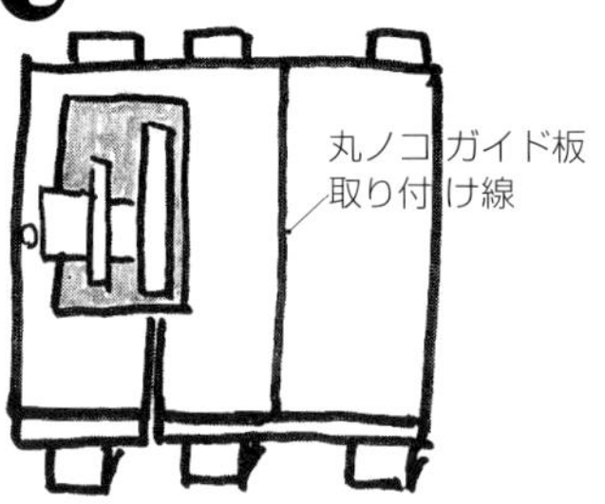

表にして丸ノコガイド板を同様に切る

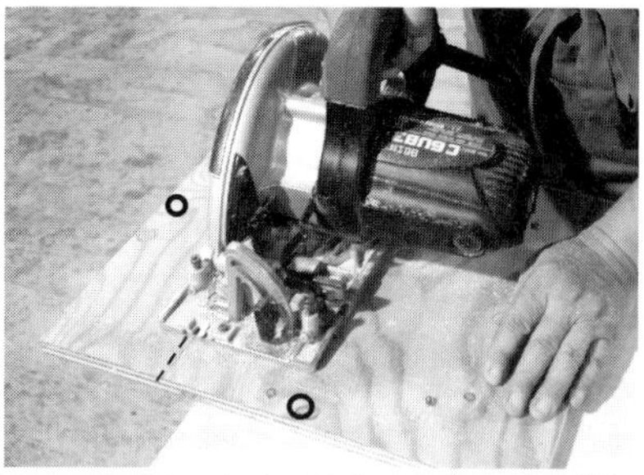

丸ノコ定規を、丸ノコのベースプレート先端にあるくぼみガイドと刃の先を切断線に合わせ、回転スイッチを押す。回転が一定になったら切断線がくぼみガイドに入るようにゆっくり押してまっすぐに切る。材木ガイド板を切ったら、丸ノコガイド板も同様に切る

図18　ガイド板を切る

●丸ノコ直角定規を組む

切った丸ノコ直角定規の3つのパーツをビスで留めます。ガイドラインの直線側を間違えないようにします。ビスを留める前に両面テープを設置面に貼り、取り付けラインと○をつけた側の縁をピッタリ合わせて仮留めすると狂いにくくなります。

❻

丸ノコガイド板を、○をつけた丸ノコガイドラインとなる側面の縁と、丸ノコガイド板取り付け線を合わせ、21㎜コーススレッドビスで図のように三点留めする

❼

裏返して材木ガイド板を⑥と同様の要領で二点留めする。合板は硬いので、最初にビスを金ヅチで軽く打ってからインパクトドライバーで打ち込むと留めやすい

❽

ノコ刃高さを30㎜くらいに調整し、作業台に材木ガイド板を押し付け、ノコ刃が少し作業台より外に出る位置に丸ノコを置く。丸ノコガイドラインにベースプレートをつけて切る。切ったラインが丸ノコ定規ラインになる

図19　ガイド板を取り付け、丸ノコガイドラインを切る

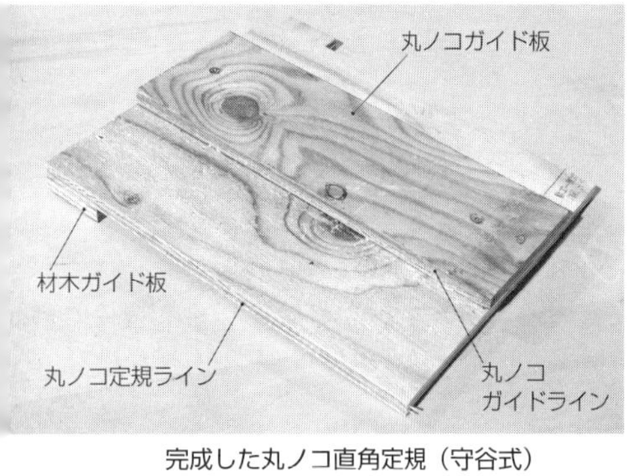

完成した丸ノコ直角定規（守谷式）

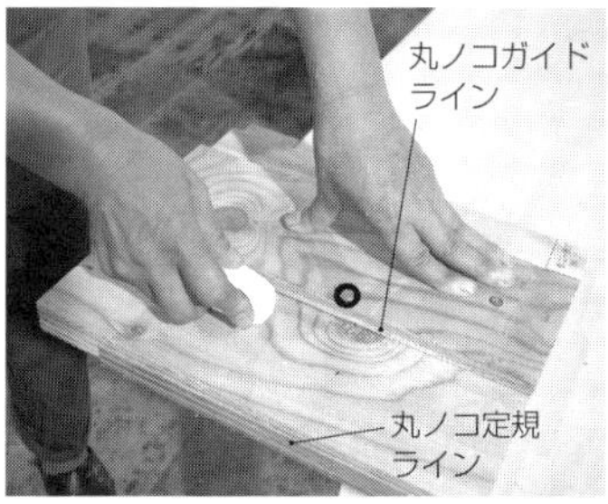

丸ノコ定規の丸ノコガイドライン側面に固形石鹸をすり込み、丸ノコを滑りやすくする

間柱材を試し切り。丸ノコの刃の出を丸ノコ定規の厚み12㎜と間柱材の厚み27㎜を足した長さより少し長く調整。切断位置に丸ノコ定規ラインを合わせて丸ノコ定規を置き、材木ガイドを間柱材に押し付け、しっかり手で定規が動かないように押さえて切る

2 丸ノコ長物定規

床張りや外装、内装などの長い板の幅を短くするときに便利な定規です。材木ガイド板は必要ないのでつくり方は簡単です。

[材料]

・厚さ 12 ㎜の合板の端材　長さ 1,820 ㎜幅 320 ㎜…1,820 ㎜の辺のどちらかが製品時の直線であるもの

・21 ㎜のコーススレッドビス　6 本

・枕とする角材 1,800 ～ 2,000 ㎜くらいのもの 3 本

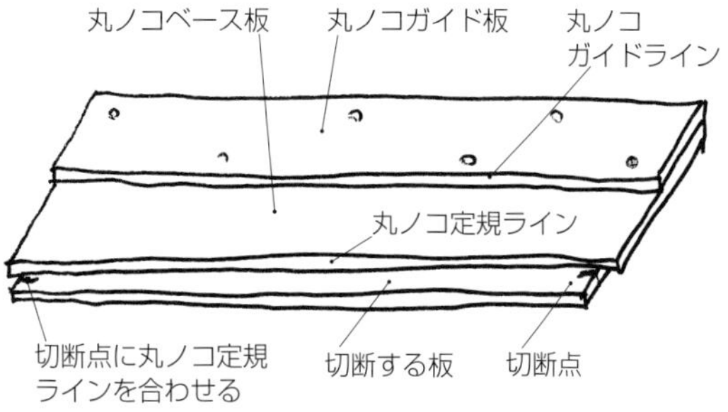

図 20　丸ノコ長物定規

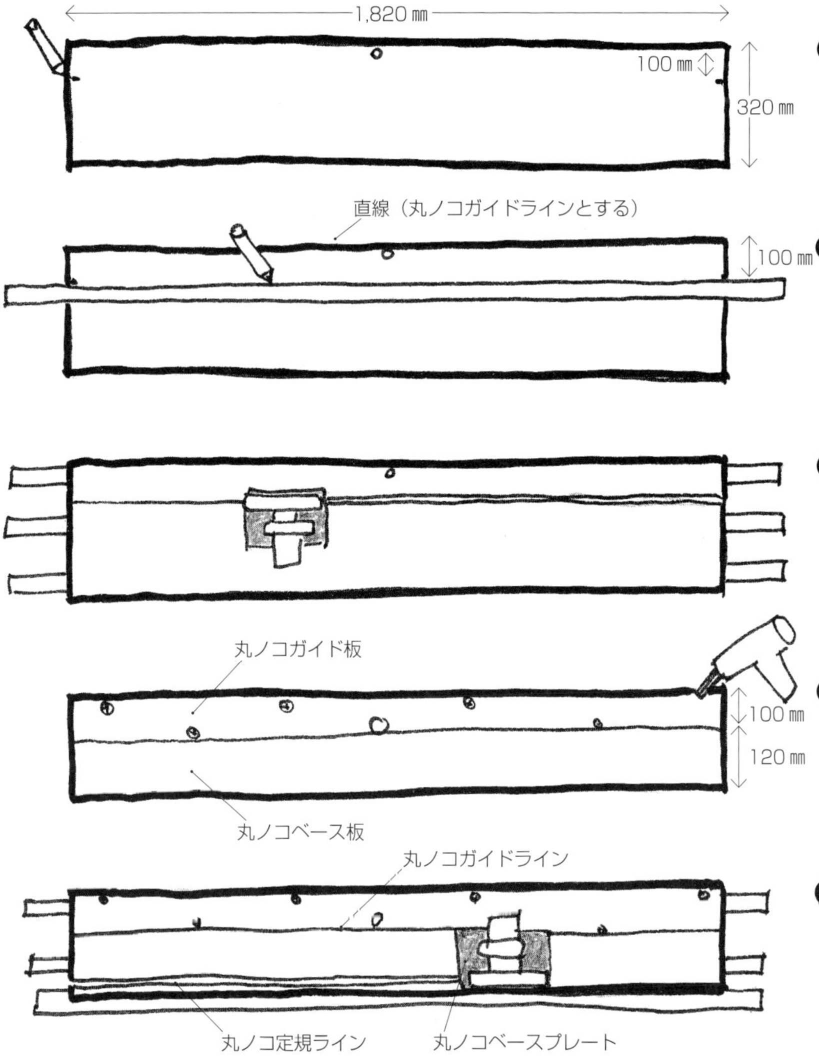

❶ 直線辺に○印を書き、両端に丸ノコガイド板の幅 100 ㎜の位置を印す

❷ 枕とする角材を①の印に合わせ、切断線を引く

❸ 角材を枕にして切断線に沿って、丸ノコガイド板を丸ノコで切る

❹ ○をつけた直線辺を内側にして丸ノコガイド板をベース板にのせ、300 ㎜間隔くらいにビスを打ち固定する

❺ 丸ノコガイドラインに丸ノコベースプレートを添わせて、ベース板を切り、丸ノコ定規ラインをつくる

図 21　丸ノコ長物定規のつくり方

3 丸ノコ勾配《こうばい》定規

いくつもの材を同じ傾きに切るときは、丸ノコ勾配定規があると便利です。本書の間柱パレットハウス、ジョイント柱ハウスの屋根の勾配は、4寸勾配にそろえてあります。4寸勾配とは、10寸（1尺）いって4寸上がる（下がる）、つまり10いったら4上がる（下がる）傾きです。

本書の小屋造りではもうひとつ、4いったら10上がる（10いったら25上がる）25寸勾配の勾配定規をつくっておくと便利です。材料は丸ノコ直角定規と同じです。

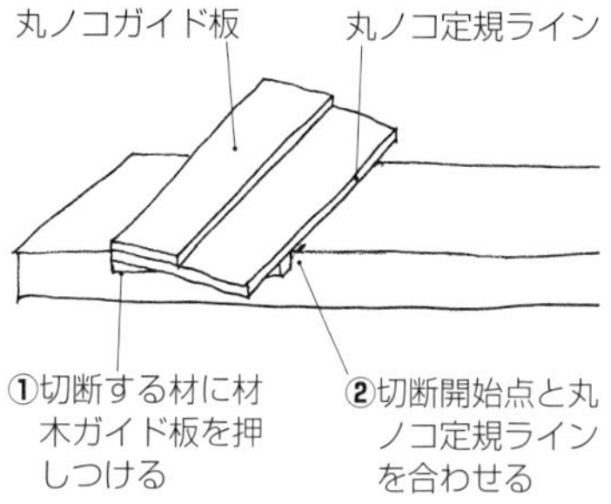

図22　丸ノコ勾配定規の使い方

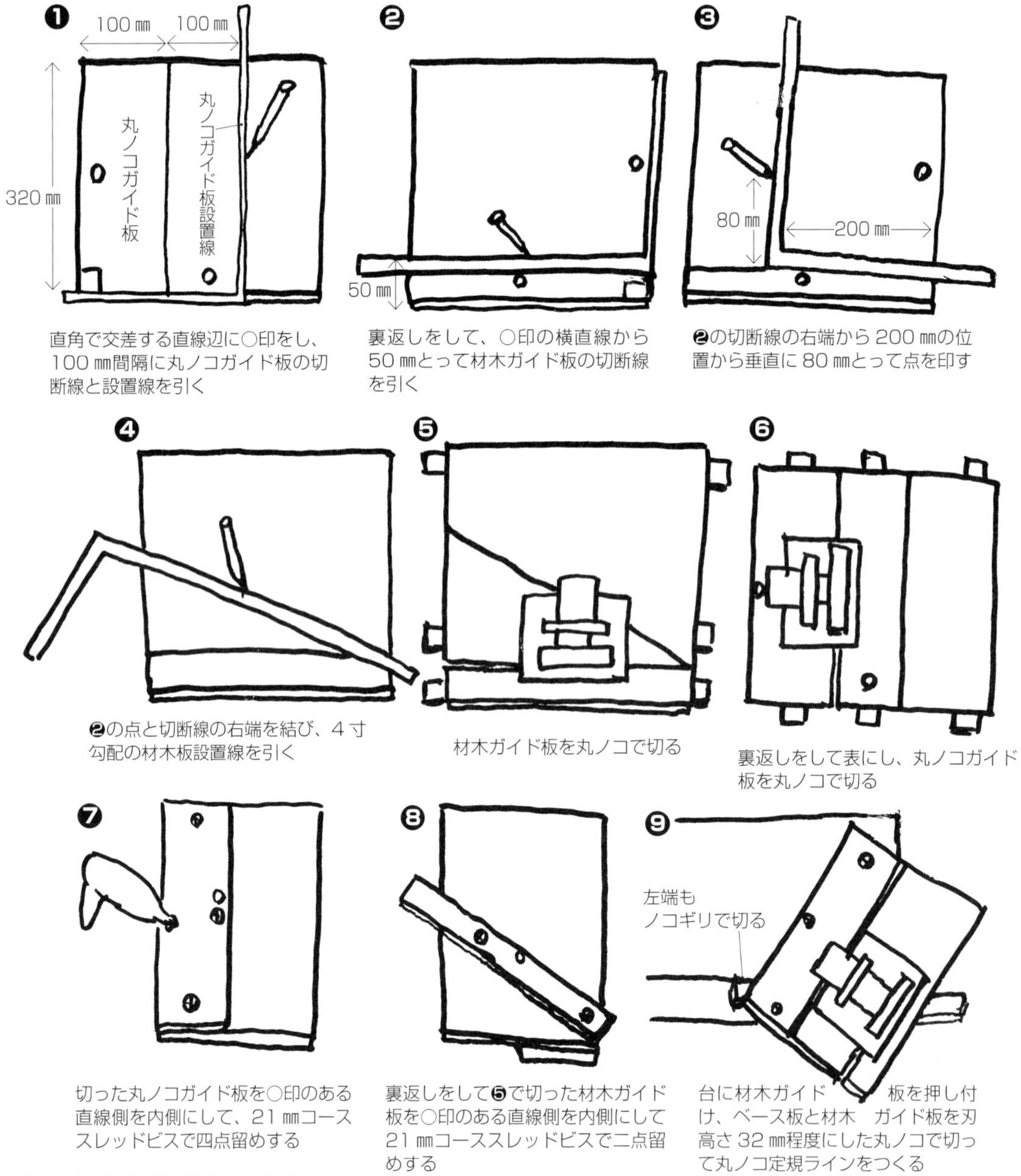

直角で交差する直線辺に○印をし、100㎜間隔に丸ノコガイド板の切断線と設置線を引く

裏返しをして、○印の横直線から50㎜とって材木ガイド板の切断線を引く

❷の切断線の右端から200㎜の位置から垂直に80㎜とって点を印す

❷の点と切断線の右端を結び、4寸勾配の材木板設置線を引く

切った丸ノコガイド板を○印のある直線側を内側にして、21㎜コーススレッドビスで四点留めする

裏返しをして❺で切った材木ガイド板を○印のある直線側を内側にして21㎜コーススレッドビスで二点留めする

台に材木ガイド板を押し付け、ベース板と材木ガイド板を刃高さ32㎜程度にした丸ノコで切って丸ノコ定規ラインをつくる

図23　丸ノコ勾配定規のつくり方

4 PATTANUMA
パッタン馬をつくる

大工仕事には、材木を置いたり板を渡して作業台にしたりする木馬のような形の“馬”が必要です。特に間柱パレットハウスもジョイント柱ハウスも、この馬の上で土台を組むので、不可欠なアイテムです。本職の大工さんはしっかり組んだ馬をつくりますが、間柱材を使い、持ち運びが便利で、高さも簡単に調整でき、パッタンとたたむことができる「パッタン馬」を手づくりしましょう。

守谷式「パッタン馬」。これを４台作製

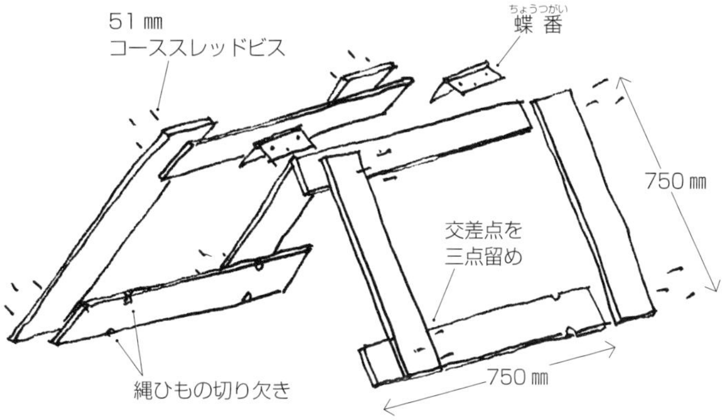

図 24　パッタン馬の分解図

1 材料と用具

[材料（4 台分）]

3 m間柱… 2 本× 4 = 8 本
大き目の蝶番《ちょうつがい》… 2 個× 4 = 8 本
コーススレッドビス…51 ㎜と 21 ㎜の 2 種類
ビニールの縄ひも…約 20 m

[道具]

丸ノコ　インパクトドライバー
ノコギリ　メジャー、サシガネ
クギ　金ヅチ　鉛筆

パッタン馬１台分の材料と用具

間柱材８本と蝶番 ２個、コーススレッドビス、縄ひも、インパクトドライバー、金ヅチ

2 間柱を切る

8 本の 3 m間柱を 4 等分して 750 ㎜の部材を 32 本つくります。切り方の手順は 24 ページに紹介したように、丸ノコ定規を活用すればスミツケする必要がなく、安全で正確に効率的に切れます。作業台がないときは、木箱などを 4 個並べてコンパネを敷き、3 m前後の簡易作業台をつくって作業しましょう。

３m前後の作業台の上に枕とする間柱の切れ端を両端に２本、ノコ刃の左右に２本置いて切る

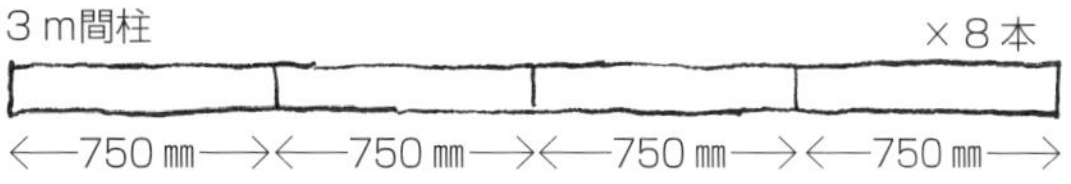

図 25　木取り図

3 パッタン馬の足パーツを組む

パッタン馬は4本の間柱を四角に組んだ2つのフレームが左右の足になります。この足パーツを4台分、まず8個つくります。

上部の横板を縦板よりも 10 ㎜出すことがポイントです

1

横板を下にして、乾燥して外側に反らないよう木表どうしを重ねて井桁状に置いてみる（ＫＤ材ならあまり気にすることはないが）

2

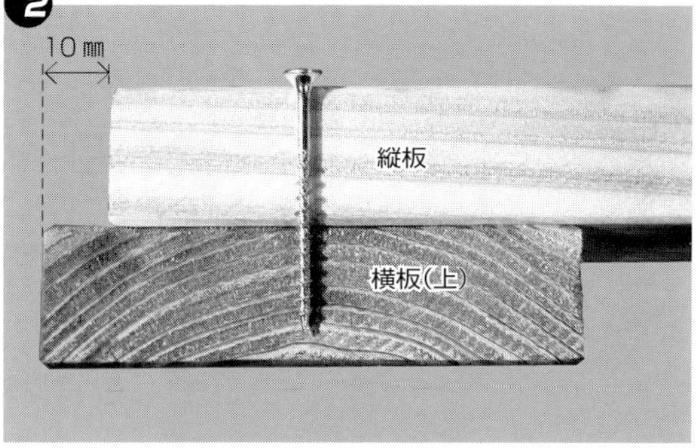

横板（上）は縦板よりも 10 ㎜出しておく（そうしないと立てたとき横板よりも縦板が高くなってしまう）

3

下の横板には、高さを調整して保つ縄ひもをひっかける切り欠きを、両端から 120 ㎜くらいの位置に２カ所、ノコギリで斜めに切ってつくる

4

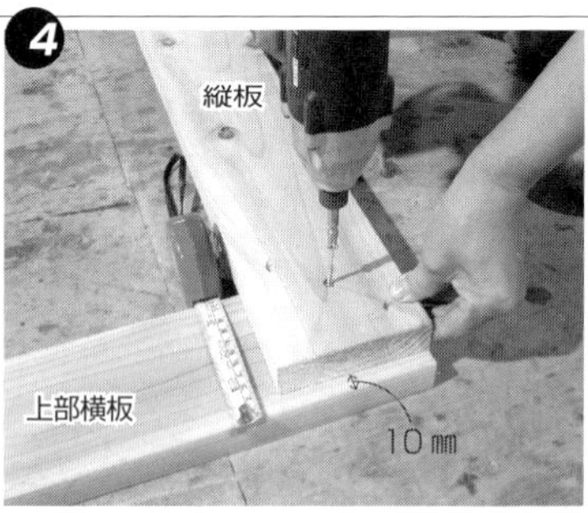

４つ角の交差部中央を、51 ㎜のコーススレッドで仮留めする。横板（上）を 10 ㎜出し、下部横板は縦板端に合わせて仮留めする

5

サシガネで四隅が直角となっているか確認し、調整する

6

各角を 51 ㎜ビス２本ずつ打って三点留めする。さらにもう１本、三角形になる位置（丸印）に打てばより堅固になる

7

完成した足パーツ。このパーツを８組つくる

4 足パーツを蝶番でつなぎ、縄ひもで高さ調整

2つの足パーツを横板を上にし、横板（上）どうしを蝶番の軸の幅くらいすきまをあけて並べる

蝶番の穴に21㎜のコーススレッドビスを金ヅチで軽くたたいて立てる

インパクトドライバーで打ち込み、蝶番をしっかり留める

蝶番が留まったらパッタン馬を立て、角度を調整してだいたい高さが700㎜(上に板をのせてちょうど作業をしやすい高さ)になるようにする

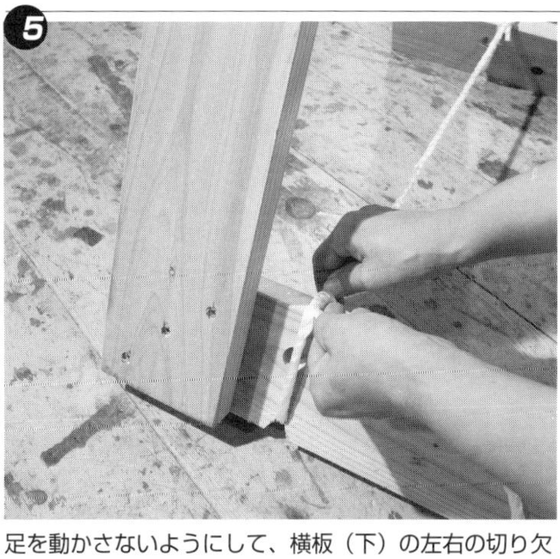

足を動かさないようにして、横板（下）の左右の切り欠きどうしを縄ひもで結び、しっかり張る。パッタン馬の上に重いものをのせても足が滑ってぺしゃんこになることはない

残り3台のパッタン馬も同様に組む

5 WOOD DECK
ウッドデッキをつくる

日本の以前の家屋には縁側とか濡れ縁が設けられ、腰をかけてお茶を飲みながら庭を眺めたりしました。ところが今の家の開口部はだいたいアルミサッシで覆われるようになりました。部屋と庭とが直接面し、腰をかけるにしてもサッシの金属の枠がじゃまで、このような風情でなくなってきました。

その代わりに部屋の外部に張り出した板敷、ウッドデッキを設ける方が多くなりました。開口部からウッドデッキが続くと部屋が広くなったように感じられます。テーブルが置けるくらいの広さのものなら、部屋続きの屋外部屋になります。ウッドデッキは安らぎの場とともに、いろいろな作業をする台としても何かと便利です。間柱パレットハウスと同様に、基礎は基礎金物、鋼製束金物を土台に直接取り付けるだけなので、大変簡単にできます。

ここに紹介する大きさのデッキなら、2人で1時間半くらいでできます。ウッドデッキを家つくりの手始めの練習としてつくってみましょう。

1 設計図

大きさは開口部の長さに合わせ、幅は庭のスペースを配慮して決めます。高さは土台の高さに合わせますが、基礎は間柱パレットハウスと同様に基礎金物を用います。土台となる角材は長辺方向だけで十分で、面材を短辺方向に張って土台どうしを連結すれば堅固になります。土台の間隔は面材の厚さによって異なり、たとえば厚さ27㎜の間柱を面材にする場合は600㎜以下、厚さ45㎜のものであれば900㎜間隔で十分です。

面材は次の面材との間に10㎜くらいすきまをあけて設置します。密着させると雨水にぬれたときに乾きにくくなり、腐朽を早めてしまうからです。かといって広すぎると子どもの足先が挟まってしまう心配があります。

ここでは長さ2,700㎜、幅1,800㎜のウッドデッキをつくってみます。面材は厚さ45㎜の杉の赤身板を使います。土台とする角材は900㎜間隔に3本必要になります。

間柱パレットハウスに設けたウッドデッキ

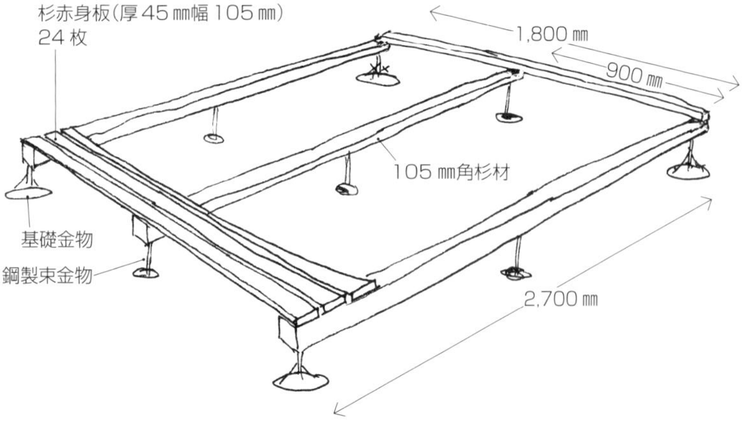

図26 ウッドデッキ設計図

2 材料・用具の用意

屋外に露出されるウッドデッキは、木にとって最も過酷な条件といえます。雨風にさらされたり、太陽光線で急激に乾燥したりします。従来、ウッドデッキ材としては腐朽しにくい輸入材のウリンや米ヒバ、レッドシダーなどが使われてきました。

下の写真は、杉材でつくったわが家のウッドデッキです。防腐塗料を塗っていないので、杉板はかなり傷んで腐りが進んでいます。しかし、左の杉板はひび割れこそあれ傷みはほとんどありません。この違いは心材《しんざい》と辺材《へんざい》の違いです。傷みがほとんどない心材は、樹の中心部分からとったもので、杉の場合、褐色を帯びているので「赤身《あかみ》」とも呼ばれています。樹木の外周部分からとった「白太《しらた》」とも呼ばれる辺材は強度があり、ねじれなどがないので建築材料としては心材よりも優れています。心材は強度の点で劣ったり、また乾燥したときに変な曲がり方をするので使いにくいです。ところが､心材はフェノール類などの成分を含んでいるため､とても腐りにくく、シロアリにも強いという特徴があります。多少のゆがみは許容でき耐久性が求められるウッドデッキ材としては、杉の赤身の利用はまさに適材適所といえます。白太は数年で腐朽してしまいますが、赤身なら5～10年はもちます。しかも辺材よりも安価です。土台の角材も赤身がおすすめですが、入手できなければ防腐剤の抽入材を使います。

自然な趣にしたい場合は塗料は使いたくありませんが、防腐塗料を塗ると腐朽を防ぐ効果があります。しかし、数年ごとに塗り替える必要があります。塗料を塗るならエコ塗料とか自然塗料と呼ばれている自然素材由来の塗料がおすすめです。

塗料は土台と面材を組む前に塗っておきます。

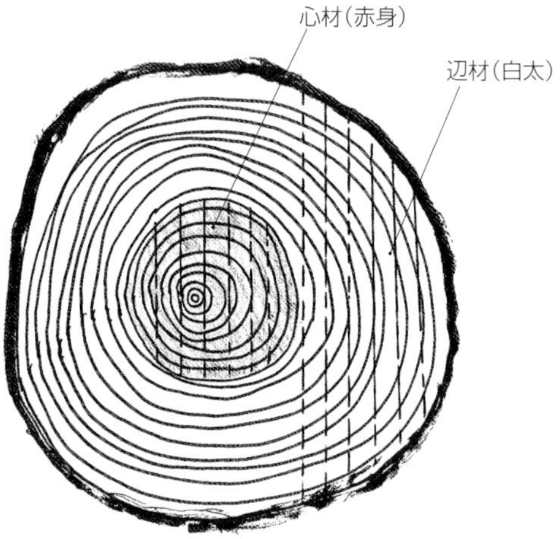

図 27　杉板の辺材と心材

わが家の設置後３年のウッドデッキ
腐朽が激しい辺材（右）と傷みが少ない心材（左）

［必要な材料］

土台：３m杉角材（105 mm角）…３本
面材：４m杉赤身板
（幅 105 ㎜　厚さ 45 ㎜）…12 本
基礎金物…４個
鋼製束金物 200 ㎜…５個
90 ㎜コーススレッドビス
コーチボルト（金物や鋼製束に付属）

［必要な道具］

整地をする道具（レーキ、スコップ、ランマなど）
メジャー２つ　　インパクトドライバー
丸ノコ　　水平規３つ
サシガネ　　鉛筆金ヅチ

3 土台材と面材を切る

パッタン馬を設置し、土台とする角材と面材を寸法に合わせて切ります。赤身板は1,800㎜の位置に印をし、丸ノコ直角定規を当てて切ります。4mと長いので、図のように作業台の上にのせ、木端を4カ所敷いて切ります。

3m角材は3本並べて2,700㎜の位置に、サシガネを使い四面ぐるりとスミツケします。1本ずつ作業台に直に置き、丸ノコ定規を当てて一度半ばまで切り、再度ひっくり返して残った部分を切ります。

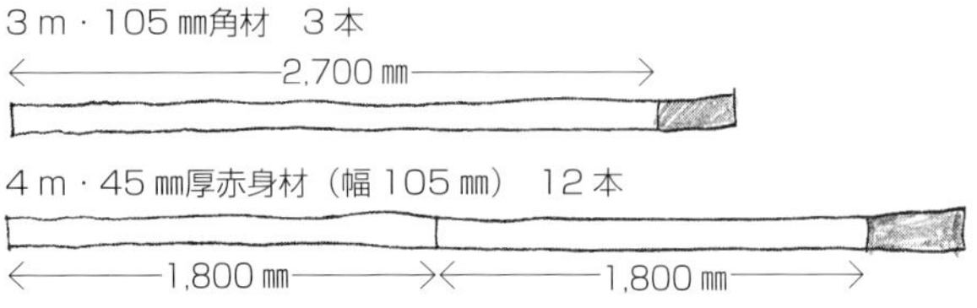

図28　木取り図

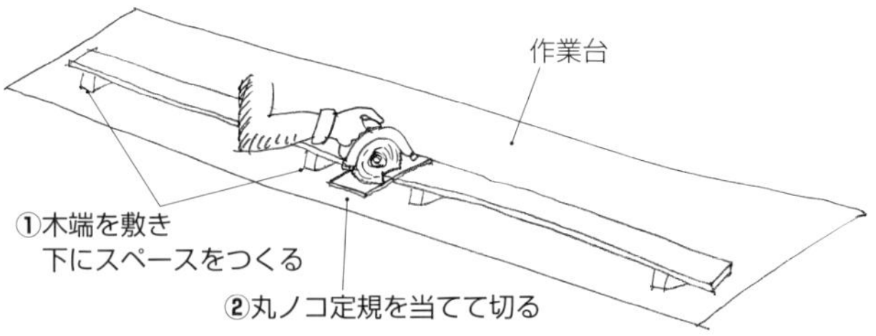

図29　長い木材を切る方法（キックバック防ぐ）

土台・補助土台の角材3本をパッタン馬にのせ、端に当て木を当ててそろえる

寸法を測り、サシガネを当てて3本に鉛筆で印をつける

作業台に直に置き、上下2回に分けて切る

4 土台の設置

パーツができたら組み立て作業に入ります。小さなデッキは運ぶこともできますが、設置する位置を整地してから、その場所で高さ、水平、直角を調整して組み立てたほうが確実です。

2本の土台に基礎金物と鋼製束金物をつけて並べ、四角に面材を渡して四角の枠をつくり仮留めしてから、水平、直角を調整してしっかりと90㎜コーススレッドビスで固定します。

最後に中央の補助土台にも鋼製束金物をつけて、横枠の面材に固定します。

土台に基礎金物と鋼製束金物を取り付ける
両サイドの2本の土台の両端に基礎金物、中央に鋼製束金物、補助土台には両端と中央に鋼製束金物をインパクトドライバーでコーチボルトを打ち固定する。基礎金物・鋼製束金物はネジを一番伸びた状態にしておくとビスが打ちやすい

2

土台を並べる
鋼製束金物は一番低い高さに調整し、土台をひっくり返して３本並べる

3

土台の両端を面材でつなぎ四角枠をつくる
２本の土台の両端に面材２本をのせて四隅を合わせ、90 ㎜のコーススレッドビスを１本打って仮留めする。四隅を仮留めしたら、サシガネで四隅をほぼ直角にしておく

4

土台を水平に調整
水平規を３辺に置き、それぞれの辺の高さが水平になるように基礎金物の高さを調整する。水平になったら、まんなかの鋼製束金物も伸ばして接地する

5

四隅を直角にする
四隅を正確に直角にするには、２つの対角線が同じ長さになるようにする方法が一番確実。メジャーの先端の穴をクギで仮留めし、２人でメジャーを対角線にピンと張る。長いほうの土台角部をいずれかの短い土台角の方向に軽くたたいて、同じ長さになるよう調整する。同じになったら四隅にそれぞれもう１本のビスを打ち固定する

6

補助土台を組む
補助土台を、両端の面材の縁に合わせ、面材を持ち上げない程度に鋼製束金物の高さを調整する

7

補助土台を固定する
補助土台に 90 ㎜のコーススレッドビスを２本打って留める

5 面材を張る

1

面材を仮置きし、すきま幅を調整
面材を一度すべて並べ、だいたいのピッチを押さえる。面材は木裏を表したほうが乾燥によるゆがみが出にくいが、素足であがるウッドデッキの場合は木表を表にしたほうが、ササクレが生じにくく足に優しい

2

土台に当て木を仮留めし面材の端をそろえる
片方に当て木を打ち、面材を押し付けるようにして並べると両端がそろう

3

ピッチスペーサーを２本つくり並べる
平均的ピッチを定め、木端などそのピッチに合ったスペーサーを見つけ、両端にそれを挟んで位置を決める

4

面材を３本の土台に固定する
面材を両端の土台と補助土台の交差部に、２本ずつ90㎜コーススレッドビスで留めていく。その際に多少のひび割れが生じることがあるが仕方なし

5

最後は微調整
残り５本くらいになったら残りのあきを分散して留めると、だいたい均等に留められる

6

完成
最後に再度水平と、基礎金物・鋼製束金物が確実に接地していることを確認し、完成

ウッドデッキで年輪・節目ウォッチング

ウッドデッキができたら、板に描かれた年輪や節目の模様を観賞しましょう。右図の板は樹の中心部からとった赤身材（心材）なので、木口を見ると年輪に中心があります。

面をみると、樹心から右に２つ、左にひとつ節があります。この節は枝であった部分です。節が伸びている方向が木の上部になります。下の２つの節は樹心近くから出ているので、幹が伸びてすぐに出た枝でしょう。上の節は幹が伸びてから４年目くらいに伸び始めた枝です。

幹は年々年輪を増し太っていくので、枝の基部が年輪に包まれていきます。

材木に埋まっている左の節は、左端が直線で終わっています。これは、この木を育てた林業家が、節が柱の表面に出ないよう、鋭い刃のナタで枝打ちをしたからです。じっくり観察していると、この木が山で育ってきた過去のドラマや情景が浮かんできて、ロマンチックな気分に浸されます。

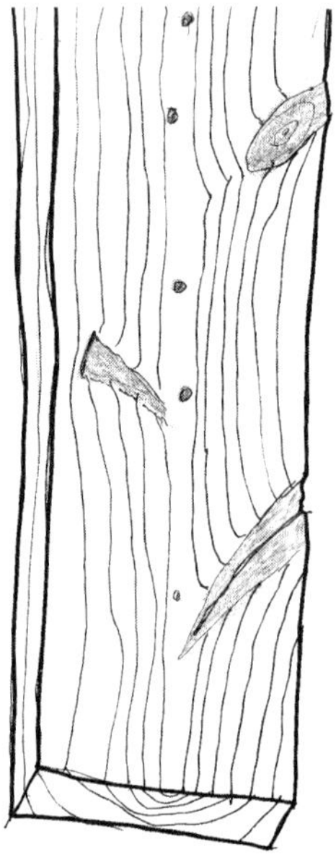

PART 2

さあ、つくろう
間柱《まばしら》パレットハウス

7 間柱《まばしら》パレットハウスの計画と準備

1 どんな場所に建てますか？

間柱パレットハウスはどんな大きさにもなりますが、これから紹介する家は、だいたい２間弱（3,520 ㎜）× 1.5 間（2,700 ㎜）、六畳間の小さな家です。ほんのちょっとしたスペースがあれば建てることができますが、通路など周りに１ｍくらいの余裕が必要です。

入り口（勝手口）は妻側（短辺側）にとっています。右ページの写真の家は西向きですが、できれば東向きの妻側にすると、扉をあけたとき冬の北西風の吹き込みに悩まされません。大きな掃き出しのテラス窓は、平側（長辺側）にとっています。この掃き出し窓を南側にとると、日当たりがよく、冬でも太陽光線が入り暖かくなります。北側にも小さめの窓をとって風通しをよくし、落ち着いた光がはいるようにしています。もう一方の妻側には窓を設けず、落ち着いた杉板壁にしています。

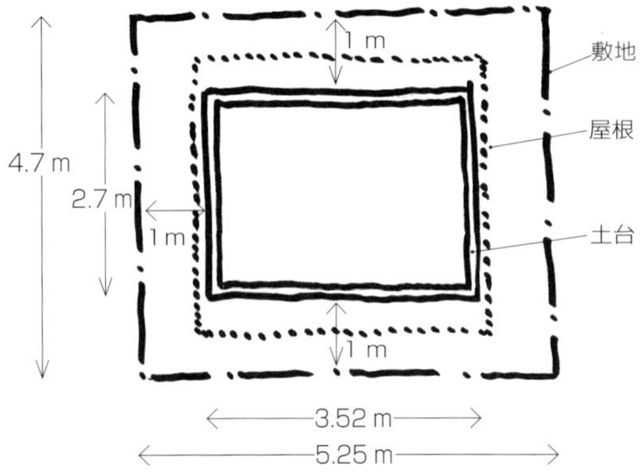

図１　必要な敷地

南側の掃き出し窓の外にウッドデッキをつけると空間は広々とします。西側に勝手口をとった場合は、パーゴラなどを設けて夏の西日をさえぎるとよいでしょう。

杉の香りがただよう落ち着いた空間は、茶室や庭の離れのあずまや風休憩室やガーデニングハウス、さらには書庫、物置、工作部屋に、農産物直売所などなどにも利用できます。

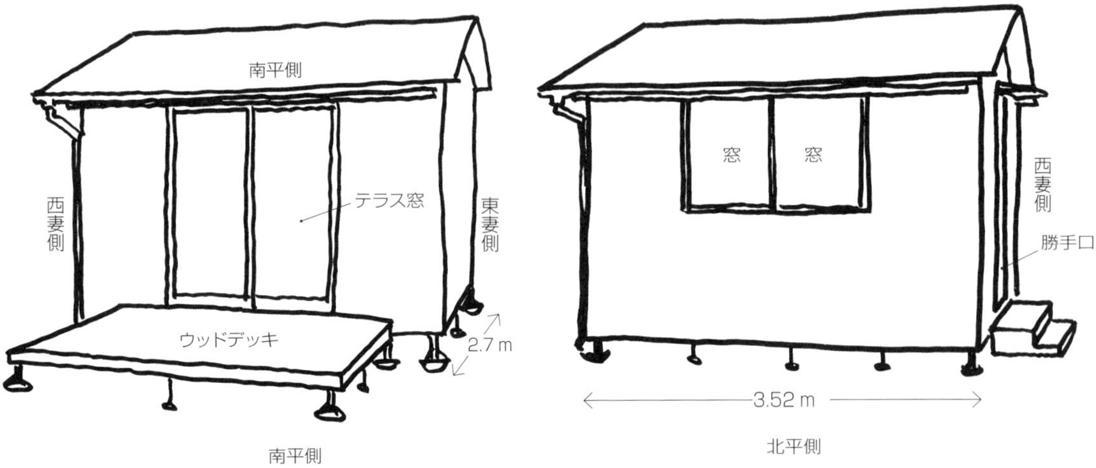

図２　間柱パレットハウス

2 作業計画を立てましょう

作業の手順は、材料の購入⇒各部材を設計寸法に切る⇒各パーツをつくる⇒パーツを組んで建てる、という順序になります。パーツを組んで建てる順序は、下の写真のように、①床盤の設置、②壁パレット桁の設置、③屋根トラスの設置と屋根葺《ふ》き、④外壁・内壁の設置、という４工程になります。

本書では、水道や電気を引くことまでは説明していませんが、これらは小屋ができあがってから必要に応じて、水道屋さんや電気屋さんに頼んでも十分間に合います。

作業の段取りは、最初にすべての材料を買い、すべてのパーツをつくって、一挙に組んで建てることもできますが、土日を使い、４工程ごとにパーツをつくり組み建てることもできます。木材を買って切るところから始める場合は、だいたい２、３人で延べ１週間くらいはかかります。土日に作業をするとして、２カ月くらいかけてゆっくりつくる感じでいいと思います。

キットを買って組み立てる場合には、だいたい３人で３日くらいでできるでしょう。土日の作業で終わるか、次の土日程度でできるでしょう。

作業の大まかな流れ

1 床盤の設置
（パーツつくり１日／１人、パーツの設置２時間／2人）

2 壁パレット桁・梁パレットの設置
（パーツつくり約１日／１人､パーツの設置３時間／3人）

3 屋根トラスの設置と屋根ふき
（パーツつくり２日／１人、
パーツの設置４時間／3人）

4 外壁と内壁の設置
（パーツつくり１日／１人、
パーツの設置４時間／3人）

3 必要な材料と入手先

間柱パレットハウスに必要な材料は、右表の通りです。価格は2008年現在の目安です。このほかに、オプションとして外壁用塗料、デッキ材料などがあります。入手先は基礎金物など右表用途欄の○印のものはA&Kホーム建材（右ページ下）に注文しますが、そのほかは大きなホームセンターにあるものばかりです。店頭にない場合も注文で取り寄せることができます。

また、屋根材については見栄えをあまり気にしない場合は、トタン葺きにするともっと安価にできます（トタン板　L=2100/10枚、棟カバー / 2枚）。フローリング材や屋根の野地板も間柱で代用することも可能です。その場合は、フローリング材の代わりに4m間柱26本、破風板3.6m（幅210㎜・幅150㎜）の代わりに4m間柱40本が必要になります。

また、A&Kホーム建材では、間柱パレットハウスキット「杉っ子ハウス」を通販しています。申し込めば材料一式が送られてきます。

購入した1軒分の間柱、破風板、フローリング材（床材）、壁材

間柱パレットハウスQ&A

●材料費はどのくらい必要ですか

材料をホームセンターなどから自分で買って運搬すれば、40～45万円くらいでしょう（ジョイント柱ハウスは35～40万円）。梱包したり運搬してもらうとその分がプラスされます。

●耐久性はありますか

屋根の雨漏れなどがなく、ぬれてもすぐ乾く条件であれば、20年くらいは大丈夫です。

●大風や地震には大丈夫ですか

基礎が金物なので心配する方がいますが、普通は心配ありません。大風が吹く場所では、地中アンカーを基礎金物の近くに打ち、ワイヤーなどで結びつけておくとよいでしょう。ミニティーアンカーなどの商品が売られています。

また、地震に対しては、建物全体が一体となって動き力を分散するので、倒伏したり破壊される危険は、かえって普通の基礎よりもありません。

ミニティーアンカー
（主に果樹園の棚やハウスに使われている）

パレット間柱ハウスに必要な材料

（H：高さ×W：幅　単位mm）

	材　　料　（幅×厚さ）	数量	目安価格	用　　途
材木	3 m間柱材（105 × 27）ND (またはＫＤ)	59 本	550 円 / 本	土台、壁・桁パレット、屋根トラス
	4 m間柱材（105 × 27）ND (またはＫＤ)	73 本	750 円 / 本	土台、壁・桁パレット、屋根トラス
	3.65 mフローリング材　(150 × 30) ほんざね	18 枚	1,500 円 / 枚	床
	3.65 m破風板（210 × 24）ND（またはグリーン材）	18 枚	1,100 円 / 枚	屋根
	3.65 m破風板（150 × 24）ND（またはグリーン材）	2 枚	900 円 / 枚	屋根
	3.65m 外壁材荒床板（180 × 15）グリーン材	45 枚	600 枚 / 枚	外壁
	3.65m 内壁材羽目板（180 × 12）グリーン材	32 枚	500 円 / 枚	内壁　あいじゃくり板
	2 m壁止め補助材（35 × 40）グリーン材	6 本	300 円 / 本	壁
	4 m角材（24 × 24）	7 本	500 円 / 本	断熱材押さえ
	構造用合板	1 枚	1,200 円 / 枚	
副資材	基礎金物（コーチボルト付き）	4 個	8,000 円 / 個	基礎　○
	鋼製束金物（H=200）（コーチボルト付き）	14 個	700 円 / 個	基礎　○
	窓サッシ；呼称H 18 W 165（サッシ H1830 ×サッシ W1690）ビス付き	1 個	26,000 円 / 個	テラス窓
	窓サッシ；呼称H 09 W 165（サッシ H970 ×サッシ W1690）ビス付き	1 個	15,300 円 / 個	窓
	勝手口ドア；呼称H 18 W 074（枠 H1830 ×枠 W780）蝶番、ビス付き	1 個	19,000 円 / 個	勝手口
	断熱材　1820 × 910 × 25	15 枚	700 円 / 枚	土台、壁・桁パレット
	透湿防水シート 50 m	1 巻	3,500 円 / 巻	壁、屋根
	水切り（欄間用）3 m	2 本	2,500 円 / 本	欄間　○
	入り口庇（L=450）	1 個	20,000/ 個	勝手口上（設置しなくてもよい）○
	中空ポリカ（欄間用）1820 × 910 × 6	2 枚	10,000 円 / 枚	欄間
	防音断熱材　1820 × 910 × 9	11 枚	700 円 / 枚	
	ルーフィング（ゴムアスファルト）	1 巻	4,000 円 / 巻	
	屋根材　平葺き　3.9 m	20 枚	2,500 円 / 枚	
	捨て唐草　1.8m	4 本	4,500 円 / 本	○
	けらば水切り　1.8m	4 本	4,500 円 / 本	○
	棟カバー（棟包）2.0 m	2 本	6,000 円 / 本	○
	雨樋　軒樋　3.6m	3 本	1,100 円 / m	雨樋
	縦樋　1.8m	2 本	1,000 円 / m	雨樋
	エルボ	4 個	215 円 / 個	雨樋
	集水器	2 個	700 円 / 個	雨樋
	とまり	4 個	100 円 / 個	雨樋
	樋もち	10 個	100 円 / 個	雨樋
	でんでん	4 個	150 円 / 個	雨樋
	シリコンシール	1 個	300 円 / 個	
	通気止めテープ	2 巻	400 円 / 巻	
	L 字アングル（80 × 80、奥行 60）	40 個	50 円 / 個	根太止め
	コーススレッドビス　90 mm	1 箱	500 円 / 箱	
	51 mm	2 箱	500 円 / 箱	
	28 mm	1 箱	500 円 / 箱	

＊このほか、パッタン馬用間柱、蝶番 8 個などが必要。
＊グリーン材：未乾燥材　＊ＮＤ：自然乾燥材　＊ＫＤ：機械乾燥材

【基礎金物、三面ジョイント金物などの購入先】（用途欄の○印の材料、キットは 129p 参照）

A＆Kホーム建材株式会社 北関東営業所　〒 322-0046　栃木県鹿沼市樅山町 524

電話：0289-60-0503　ＦＡＸ：0289-65-3011

http://www. homekenzai. com/

2 床盤のパーツつくりと設置

パレットハウスの床盤は、「基礎」「土台」「床」の３つを兼ねています。そのため、土台は間柱を３枚重ね、たわみ止めで補強して強固にします。組む際には角を正確に直角に組んでから、基礎金物で固定します。さらに根太と床板で土台をがっちりと固定すれば、しっかりした床盤となります。

1 床盤パーツつくり／約１人で１日

床盤のパーツは下図のように、基礎・鋼製束金物、土台・たわみ止め（平） 2 組、土台・たわみ止め（妻） 2 組、根太 6 組、断熱材 7 組、床板 18 枚です。

1- 床盤の材料と作業の手順

床盤パーツの材料と寸法は、右下図の通りです。電動ノコで材料を切ってから、各パーツを組み立てます。切った間柱部材には、用途がわかるようにイロハニなどを印しておくと、組み立てるときに便利です。切り落とした間柱の端材は、屋根のトラスの力骨の材料などにするので整理して保管しておきます。

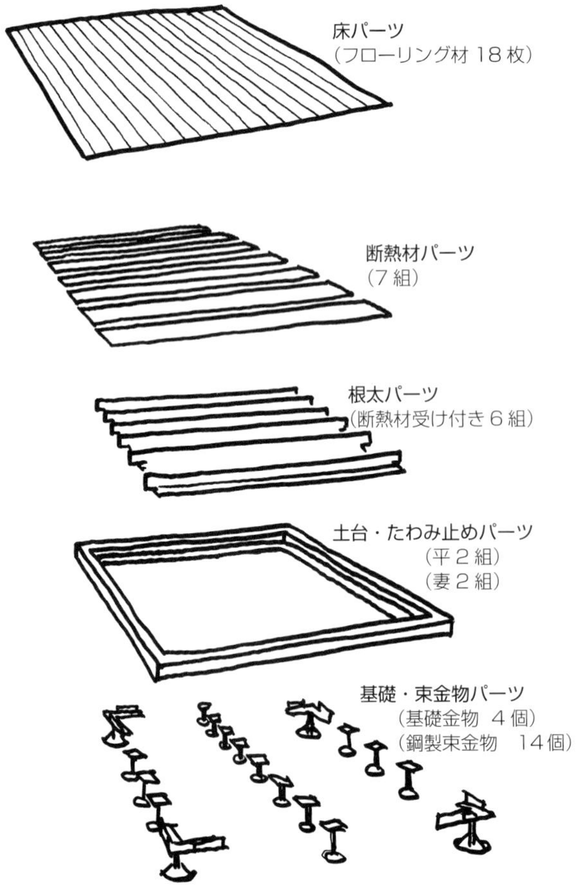

図３　床盤の構造

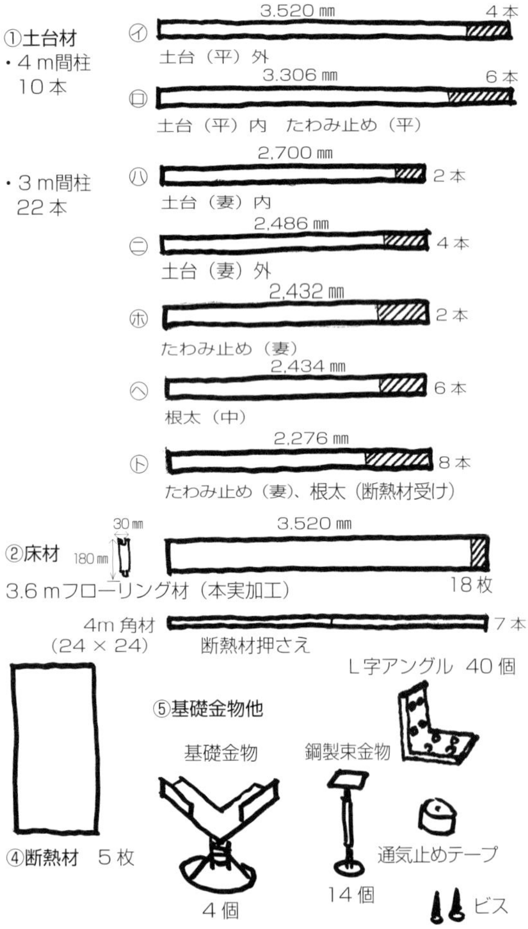

図４　床盤パーツの材料

●作業手順
①作業台をつくる
②土台とたわみ止めパーツをつくる
③根太パーツをつくる
④断熱材を切る
⑤床板を切る

2- 作業台をつくって部材を切る

パッタン馬を２台ずつ２列に並べ、上に間柱材を４枚のせ、その上に屋根の材料のシージングボードなどをのせて作業台をつくります。パッタン馬の足の幅を調整して高さを水平にします。この上だと楽な姿勢で材料を切ったりビスで留めたりできます。

パッタン馬４台、間柱４本、シージングボード２枚でつくる作業台

●同じ寸法に切る方法

同じ寸法の材料を同じ長さに何本も切る場合は、図のように、まず切る寸法の位置が作業台の少し外になるよう、当て木を作業台に敷いた間柱材にビスで留めます。

次に最初の１本にスケールで正確に線を引き、その線に丸ノコ定規の縁を合わせてビスで固定して切ります。

２本目からは、この丸ノコ定規つきの間柱を切る間柱の上に置いて定規にし、端を当て木に押し付けて端をそろえ、丸ノコで切ります。こうすると、正確に能率的に切ることができます。

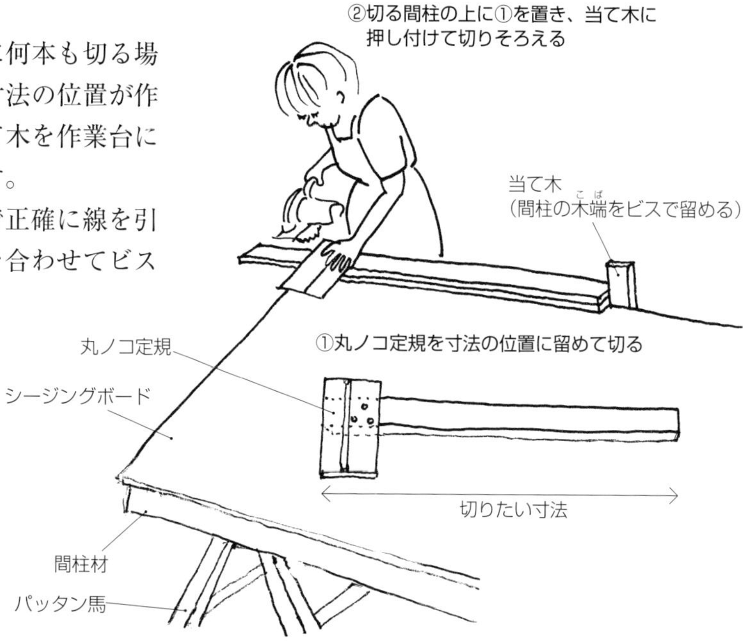

図５　同じ寸法に切る方法

3- 土台・たわみ止め部材を組む

●土台・たわみ止めの構造と組む手順

土台・たわみ止めパーツは、図のように間柱を３枚重ねた、端が凹状の土台（平）が２つ、端が凸状の土台（妻）が２つ、土台（平）に取り付けるたわみ止め（平）が２つ、土台（妻）に取り付けるたわみ止め（妻）が２つです。たわみ止めは土台のたわみを押さえるとともに、根太《ねだ》や断熱材の受け板となります。

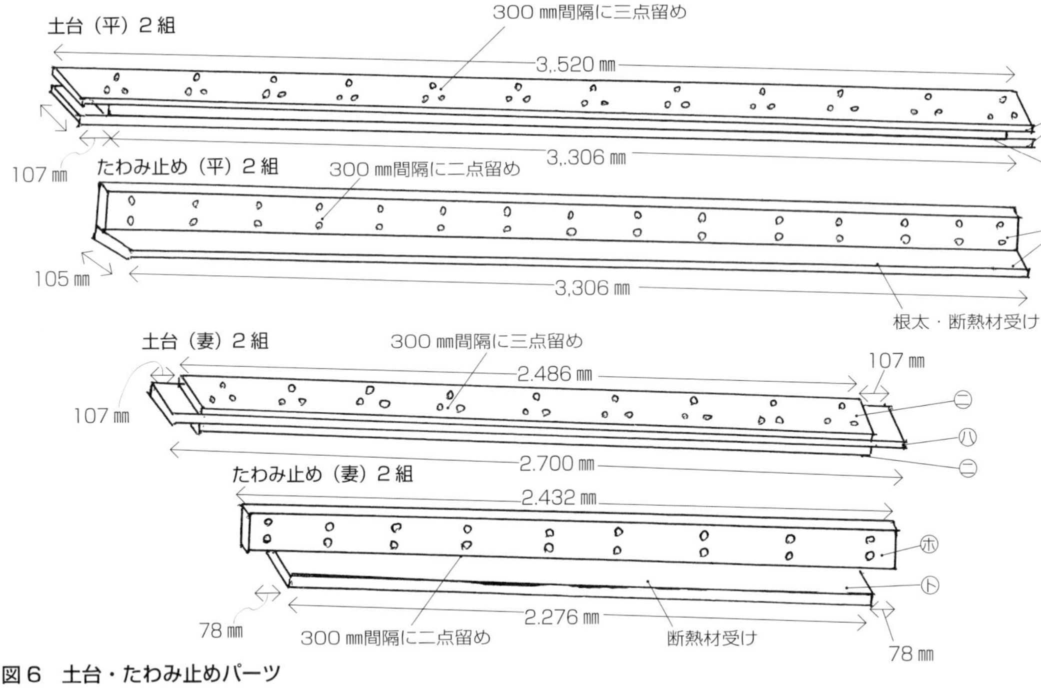

図６　土台・たわみ止めパーツ

●間柱の重ね方

間柱材を組み合わせる際には木目を見て、建築後に乾燥しても変形しにくいように組みます。これを“木のくせをよむ”といいます。木材の木口の年輪を見て、年輪の弧の側（木の外周側）を「木表《きおもて》」、年輪の内側（木の中心側）を木裏《きうら》といいます。木表側のほうが水分が多いために、乾燥すると木表側に両端が反るように変形する傾向があります。そのため、間柱を重ねる場合は、木裏を外側、木表を内側になるように重ねてビスで固定すると、形状が安定しやすくなります。

十分乾燥させてある乾燥材を使う場合は、あまり神経質になる必要はありません。

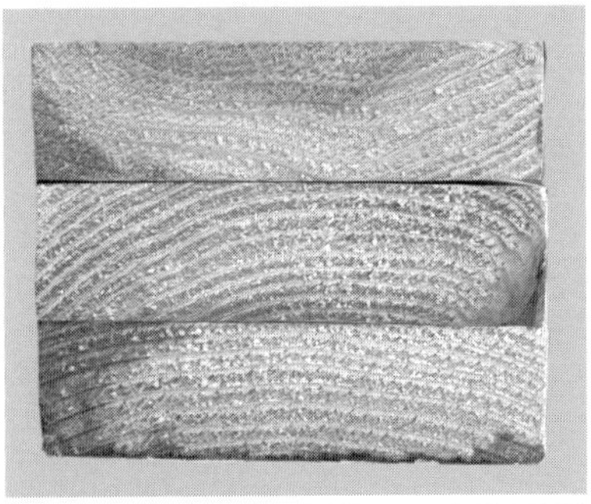

上と下の間柱の木表を内側にして３枚に組む
このように重ねると形が安定しやすくなる

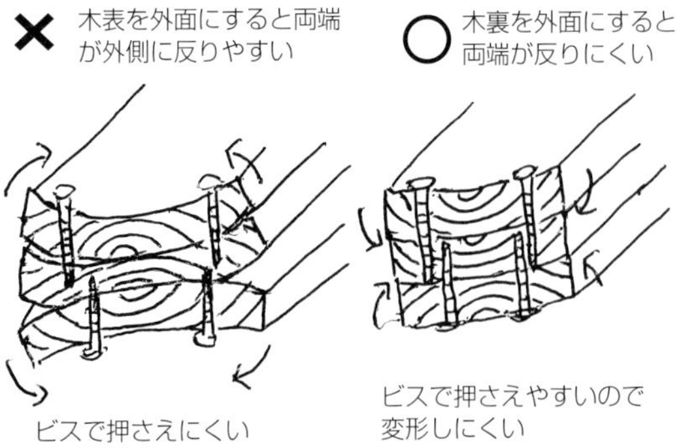

図７　間柱の接合の仕方

●土台（平）・たわみ止め（平）パーツを組む

1

土台（左３枚）、たわみ止め（右２枚）をそろえる

2

木口を立て、部材のゆがみや木のくせをよむ

3

土台部材㋑の上に短い㋺を置く。㋺の木口に間柱の木端の幅（105㎜）を当て、２㎜ほど㋑を出す

4

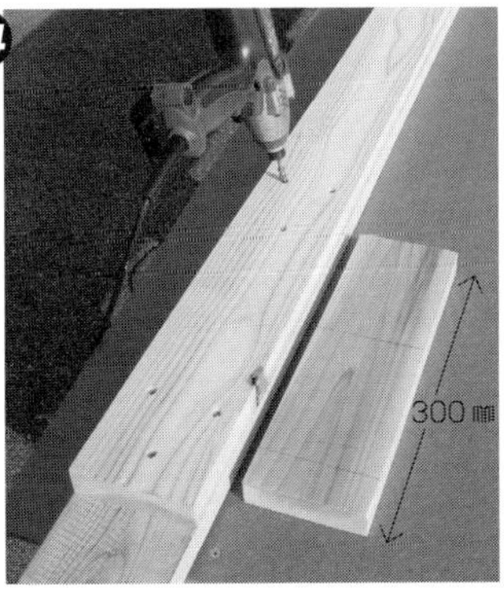

㋺と㋑の２枚を51㎜のコーススレッドビスで300㎜間隔くらいに、三角形の形に間柱の木端を三点留め。300㎜の長さに切った定規（右）を使うと正確に打てる

5

㋺の上に部材㋑をのせ、❸と同様に凹部の寸法をとり、❹と同様に51㎜のビスで留めていく

6

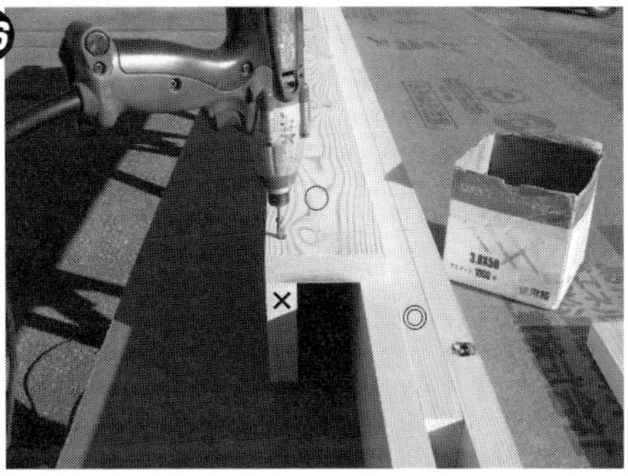

たわみ止め部材（×印）を立て、根太・断熱材受け（○印）をのせてL字型に組む。写真のように土台パーツ（◎印）を立てて枕にして、51㎜のビスを300㎜間隔くらいに１本ずつで留めていく

7

たわみ止めができたら、土台パーツの木口を立て、❻でつくったたわみ止め（平）のたわみ止め端と土台部材㋺の端を合わせて、❹のように51㎜のコーススレッドを300㎜間隔くらいに二点留めしていく

8 ❶から❻を繰り返して、土台・たわみ止め（平）をもう１本つくる

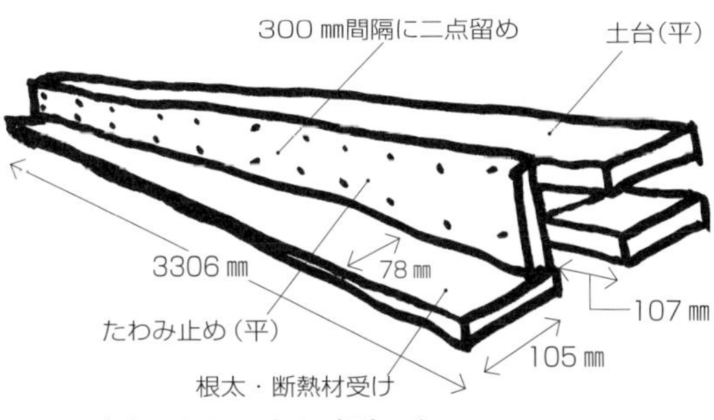

図８　土台・たわみ止め（平）パーツ

●土台（妻）・たわみ止め（妻）パーツを組む

1

土台（妻）部材㋩の上に㋥を置き、間柱の切れ端（矢印）の幅を当て、㋩を㋥より間柱の幅＋2㎜（107㎜）出す（❽を参照）

2

凸部が動かないよう、端を51㎜ビスを1本打って仮留めする

3

反対側の凸部の寸法も❶と同様に確認し、仮留めする

4

中央の側面を両手で押さえてゆがみをなくし、ビス1本打って仮留めしてから、端から300㎜間隔で、51㎜ビスで三点留めする

5

❹を裏返しにし、❶と同様に㋥を㋩より107㎜引っ込めて置き、❷～❹と同様に両端と中央を仮留めしてから、端から300㎜間隔で、51㎜ビスで三点留めする

6

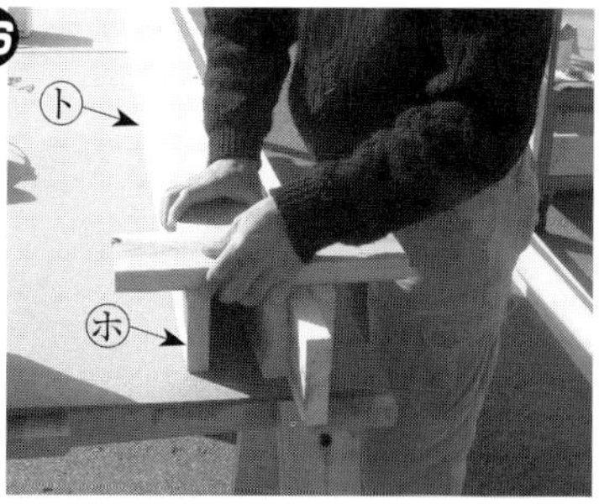

❺でできた土台(妻)の木口を縦にして枕とし、たわみ止め（妻）部材㋭をその側面に木口を立てて置く。その上に断熱材受け㋣をL字に置き、幅78㎜に切った間柱の切れ端を定規にして、㋭を㋣より両端に78㎜出す

7

両端、中央を仮留めしてから、300㎜間隔で51㎜ビスを㋭の木端に1本ずつ打ち、たわみ止め（妻）をつくる

8

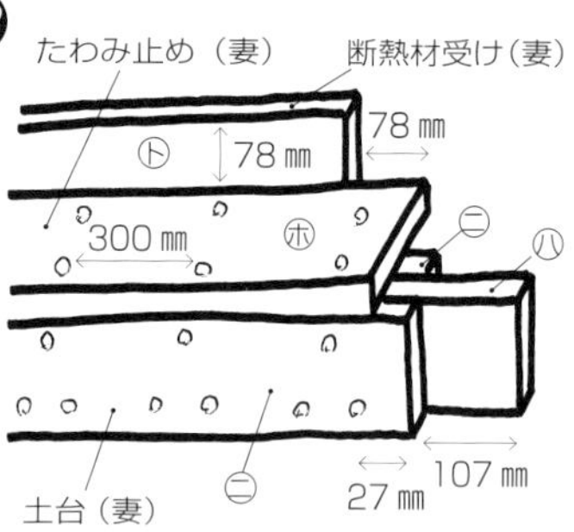

図9
たわみ止め（妻）を図のように、土台（妻）凸部基部から27㎜(間柱の厚さ)内側の位置に、間柱の厚さを定規にして置く。

9

両端を仮留めし、ゆがみを直して中央を仮留めしてから、端から300㎜間隔で、51㎜ビスで二点留めする

10

完成した土台・たわみ止め（妻）パーツ

4- 根太《ねだ》（兼断熱材受け）パーツを組む

「根太」とは、床板を止めていく下地のことです。間柱の部材㋬（縦板）と㋣（底板）をT字型に組んだものを6つつくり、たわみ止め（平）に固定します。根太をT字型に組むのは、①床をたわみにくくする、②断熱材の受板にする、③鋼製束金物を受ける、という理由からです。

床板も厚い板を使うので、床板と根太をビスで堅結すると堅固な床盤ができあがります。

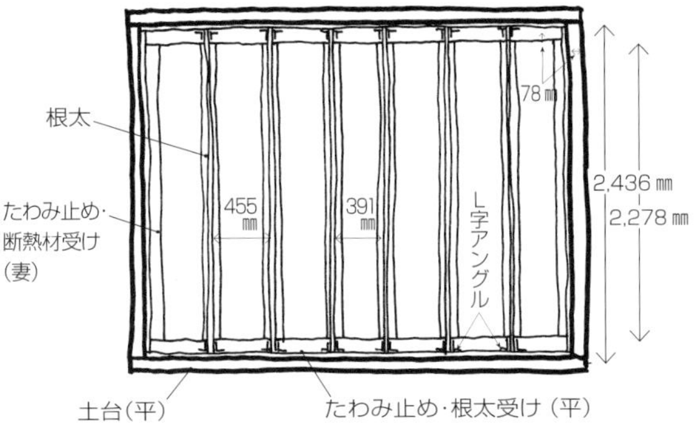

図10　土台と根太の底面図

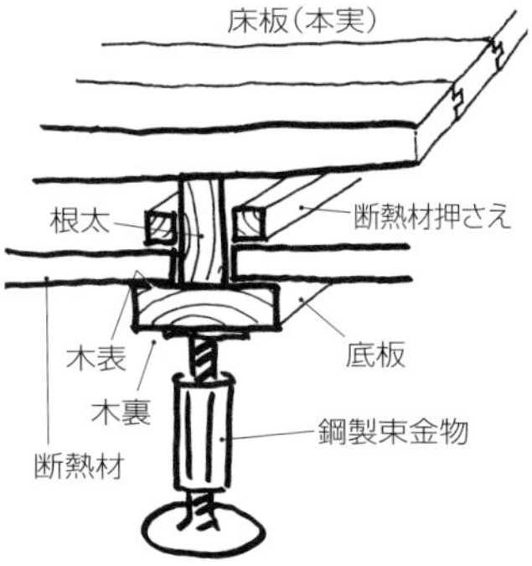

図11　床下断面図

根太の底に取り付ける底板は、木裏を下に木表を上にすると留めやすい。

●根太の寸法

根太は土台の妻方向に6組取り付けます。たわみ止め（平）との間は2,436㎜ですが、根太の長さは両端に1㎜ずつアソビをとって2,434㎜、底板も、たわみ止め（平）の断熱材受けとの間は2,278㎜ですが、アソビ2㎜をとって2,276㎜とし、根太の両端から79㎜内側に取り付けます。

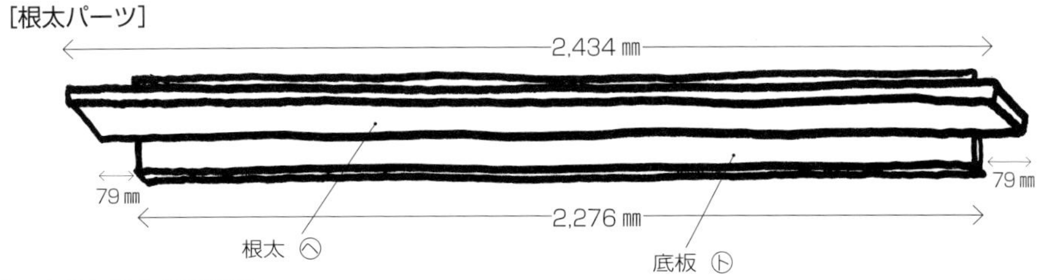

図12　土台と根太の底面図

●根太《ねだ》の組み方

T字にきれいに正確で簡単に組むには、まず根太部材（矢印）を作業台に渡した間柱の木端（こば）の側面にビスで仮留めする

根太の上、中央に底板を木裏を上にして、根太の両端から79㎜にスミツケした線に合わせて置く

51㎜のコーススレッドビスで、およそ150㎜間隔でばちばち留めていく。底板は正確にまんなかでなくてもよいが、両サイドの出寸法（79㎜）は正確に。組み終わったら仮留めビスを抜く

5- 断熱材パーツをつくる

断熱材にはいろいろありますが、いずれも“動かない空気のかたまり”の構造です。布団などは身近な断熱材です。本書では扱いやすくリサイクルもしやすい固形のスチロール系断熱材を使います。

入手しやすい大きさは1,820㎜×910㎜です。厚みも各種ありますが25㎜のものを選びました。根太と根太の間の寸法は、この断熱材を縦に半分に切った幅（455㎜）にしています。中央の根太間だけが狭くなりますが、むだになる断熱材が少なくなります。

長さは両端に5㎜ずつアソビをとって、図のように2枚組み合わせて2426㎜とします。5枚を図のように切って6組のパーツをつくります。

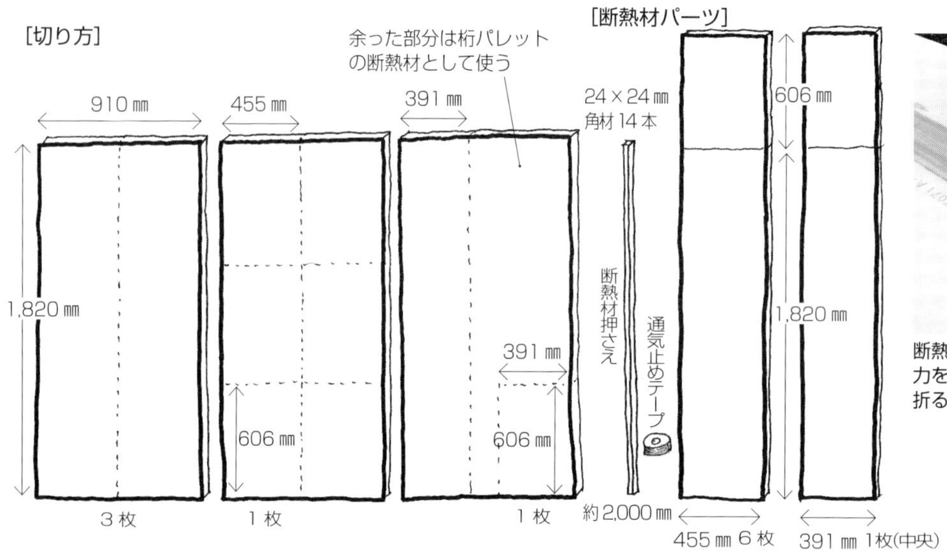

断熱材はカッターで切る。力を軽く入れて1回切って折るとパリッと割れる

図13　断熱材パーツ

6- 床材パーツをつくる

床は土台を強固にする重要な部分です。厚さ24㎜以上の厚板を使います。ここでは、本実《ほんざね》加工（両側面を凹凸加工したもの）した厚さ30㎜の床材を使います。凹凸面を組み込んでいくので、乾燥して木がやせてもすきまが見えません。カンナがかかっていて面もとってあるのできれいです。長さ3,650㎜、幅150㎜のものを18枚用意し（幅180㎜の場合は15枚）、47ページで紹介した同じ長さに切る方法で、土台（平）と同じ3520㎜に切りそろえます。断熱材押さえは4m、24×24㎜の角材を長さ2m前後に切り、14本用意します。

断熱材をすきま風がはいらないように通気止めテープで目張りします。ビスの頭が上に見えることを嫌がらなければ、床板は本実加工していない間柱（27㎜の厚み）や破風板（24㎜の厚み）でもかまいません。ただし、しっかり乾燥させ、ひずみがとってあることが必要条件です。

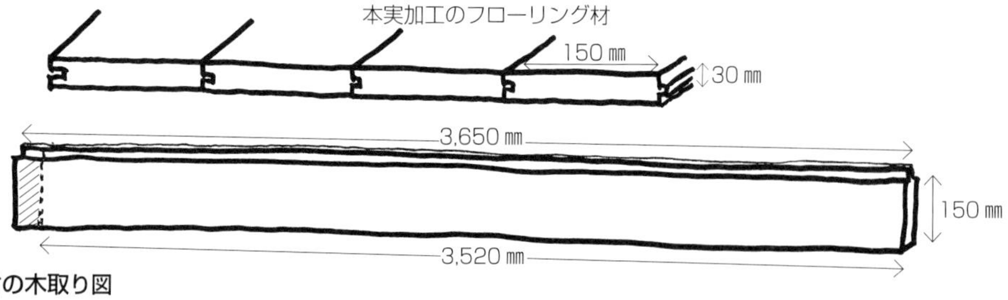

図14　床材の木取り図

2 床盤を設置する /2 人で約 2 時間

いよいよ、つくった床盤パーツを実地に設置していきます。作業の手順は下記のように、土台をパッタン馬の上でしっかり組んでから基礎金物・鋼製束金物を取り付け、地面に下ろします。普通の家づくりでは、まず土台下に堅固で水平な基礎をつくりますが、パレット工法では基礎は高さを自在に調整できる基礎金物・鋼製束金物だけなので簡単です。その代わり土台をパッタン馬の上でしっかり組むことがポイントです。

1 - 作業の手順と材料・用具

[必要な材料]

土台･たわみ止めパーツ（平 2､妻 2）､根太パーツ 6､断熱材パーツ（14)､断熱材押さえ（14)､床材パーツ（18)、基礎金物（4)、鋼製束金物（14)、コーチボルト（付属)、通気止めテープ、根太固定用L字アングル（24)、コーススレッド 51 ㎜

[必要な道具]

土地をならす道具（スコップ、レーキなど)、木や草を切る道具（鎌、剪定バサミ、ノコギリなど)、ランマ、インパクトドライバー､丸ノコ、メジャー 2 つ、サシガネ、パッタン馬 4 つ、カッター、丸ノコ長物定規、金ヅチ、水平規 3 つ

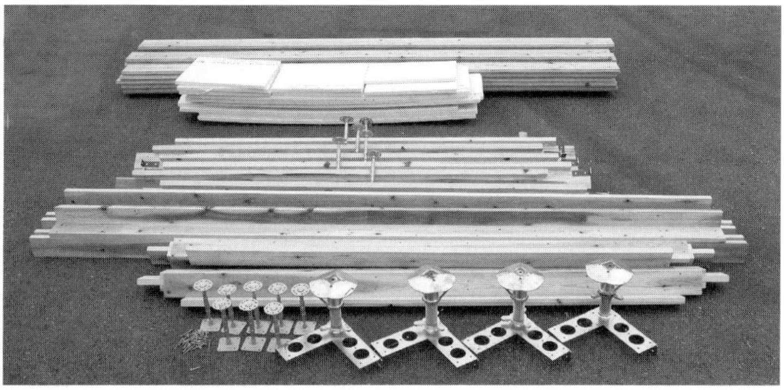

基礎・土台・根太・床盤パーツ

●作業の手順

1

地面をならし基礎金物・鋼製束金物接地部分を鎮圧

2

土台をパッタン馬の上で組む

3

四角に基礎金物を取り付ける

4

根太に鋼製束金物をつけ、土台に取り付ける

5

土台を地面に下ろし水平に調節

6

断熱材を敷き、床材を張る

2- 地面をならし基礎金物・鋼製束金物の接地部分を鎮圧

建てる場所を決めたら、まず土台パーツを実際に置いてみて小屋の建つ位置（3,520 × 2,700 ㎜）を確認します。小屋の周囲最低１ｍくらいは木や竹を切っておいたほうが作業しやすいでしょう。

そして、地面をできるだけ平らにならします。プラス・マイナス70㎜くらいの高低差は、後で基礎金物、鋼製束金物で調整できるので、あまり厳密に行なう必要はありません。また、雨水が床下に流入しないよう、低い部分には盛り土したほうがよいでしょう。

次に、基礎金物と鋼製束金物が接地する土台（平）の下と、鋼製束金物が接地する妻中央のラインを足で踏み固めて鎮圧します。下の写真のようなランマがあれば便利です。

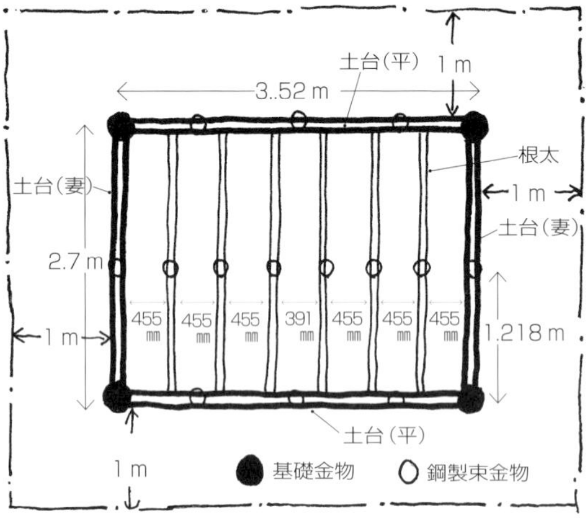

図 15　敷地の寸法と基礎金物・鋼製束金物の接地位置

ランマのつくり方

径 20 ㎝前後の丸太を 30 〜 50 ㎝に切り、70 ㎝くらいの間柱の切れ端２本を両側にビスで留めます。

両手で持ち上げ、手を離して落として鎮圧します。

敷地の高低差をチェックする
敷地に土台を置き、土台の下に木の切れ端などを入れて水平定規で水平にすると、どのくらい高低差があるかわかる

平らにならす
プラス・マイナス 70 ㎜くらいの違いは高さ調整ができるので、あまり差がなければ高い部分の土を低い部分にもっていき、おおよそ平らにすればよい

基礎金物、鋼製束金物の接地位置を確認する
実際に土台パーツをおいて、基礎金物、鋼製束金物が設置する位置を確認する

金物設置位置を突き固める
地面が軟らかい場合、ランマでたたいたり足で踏んで、ある程度締め固めて平らにする。地面が軟らかく鎮圧後あまりにも沈む場合は、土のうに砂を詰めて接地部分に埋め込むか、少し砂利を盛って固め、金物の底部が埋まらないようにしておく

3- パッタン馬の上で土台を組む

土台・たわみ止め（平・妻）パーツを正確に四角形に組み、基礎金物で固定します。このときに、水平をみてから角を正確に直角にすることが、この工法のポイントです。

四隅が直角になっているかどうかを調べるには、長方形の２つの対角線の長さが同じになっているかどうかを測るとわかります。メジャーを２つの対角線にピンと張り、同じ値になるように、長いほうの土台角部をいずれかの短い土台角の方向に、軽くたたいて調整します。この作業は４人いるとらくですが、２人の場合はメジャーの先端の穴をクギで仮留めして測ります。

1

パッタン馬に土台・たわみ止め（平）をのせる
作業台として使っていた４つのパッタン馬を写真のように並べ、土台・たわみ止め（平）をたわみ止めを内側にしてのせる。土台の角の下に基礎金物を取り付けるので、パッタン馬は土台の端から 600 ㎜くらい中に入れる

2

土台・たわみ止め（妻）を組む
土台・たわみ止め（平）の端凹部に土台・たわみ止め（妻）の端凸部をゴム付きの金ヅチ（ゴム付きでないときは板を当てる）でたたいて入れる。ほぞをぴったり合わせ、サシガネでだいたいの直角にする

3

四隅をビスで仮留めする
組んだ四隅を１点ずつコーススレッド 51 ㎜で留める。一点留めだとまだ角度を調整できる

4

水平にし４つの角度を直角に調整
土台３辺のそれぞれの中心に水平規を置き、パッタン馬の高さを調整して土台を水平にする。次にこの水平の土台の角が直角であることを確認する。直角の長方形にするには２つの対角線の長さが同じ長さになるように調整したほうが、サシガネや直角定規で測るよりも正確で容易
土台の四隅からメジャーを対角線にピンと張り、それが同じ値になるよう長い対角線の角部を、図 16 のように短い対角線のどちらかの角方向に軽く叩いて調整する。この作業は４人いるとらくだが、２人の場合は、下写真のようにメジャーの先端の穴を土台角にクギで仮留めして測るとよい

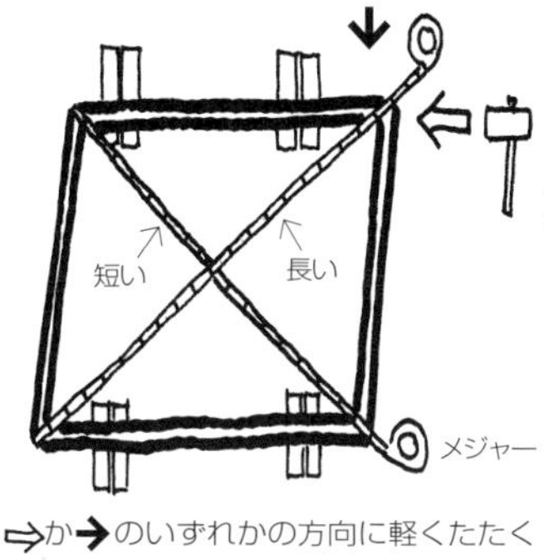

図 16　長い対角線の角部をたたいて直角に

メジャーの先端穴をクギで仮留め
２人で行なうときは、メジャーの先端を十台の角に合わせ、クギで仮留めする

5

基礎金物を土台に取り付ける
土台の直角がでたら基礎金物を角に密着させて付属のコーチボルトで固定する

6

鋼製束金物を土台に取り付ける
鋼製束金物を取り付ける位置（54 ページの図）を確認しコーチボルトで固定する

4- 根太パーツを土台に取り付ける

1

根太パーツに鋼製束金物を取り付ける
6 本の根太パーツの底板の裏の中央に鋼製束金物をコーチボルトで取り付ける。ビスが根太の表に飛び出してもここに断熱材がはいるのでかまわない
地面に下ろしたとき、鋼製束金物がつっぱらないように一番短く調整しておく

2

根太を土台に取り付ける
土台（妻）の両側から、断熱材の幅を定規にして、根太をたわみ止めの根太受けにのせる（中央の根太と根太の幅は狭くなる）

3

根太を土台に固定する
根太の端部の両側にＬ字アングルを取り付け、ビスで留めて固定する（下図）

4

いったん断熱材をはずす
すべての根太を取り付けたら、いったん定規にした断熱材は取りはずしておく

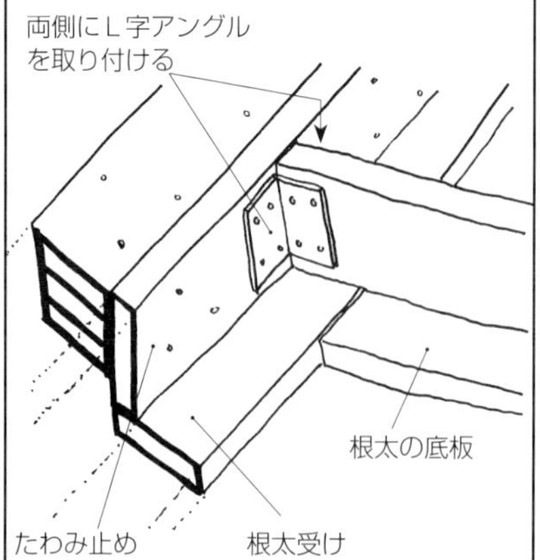

図 17　土台に根太を取り付ける

5- 土台を地面に下ろす

完成した土台は、２人いればパッタン馬をはずして地面に下ろします。基礎金物を調節して水平を取り、鋼製束金物を伸ばして接地します。

妻側の土台を１人または２人で少し持ち上げ、もう１人の人がパッタン馬をはずす

はずれたら２人でゆっくり、腰を痛めないように背筋を伸ばしたまま地面まで下ろす

もう一方の妻側の土台も同様にはずす

同様に地面に下ろす

6- 土台を水平に設置する

基礎金物を調整して土台を水平にする
下ろした土台の３辺に水平規を置き、水平になるように四隅の基礎金物の底部を回して調整する。このとき、水平規は必ず土台のまんなかに置く

鋼製束金物を延ばして接地する
土台が水平になったら、鋼製束金物を地面にくっつくまで回して接地する。ただし、あまり延ばすと四隅の基礎金物が浮いてしまうので浮かない程度に調整する

最終点検
最後に土台が水平か、基礎金物、鋼製束金物が浮いていないかを点検する

7- 断熱材を敷く

1

根太の間に断熱材のパーツを敷き詰めていく

2

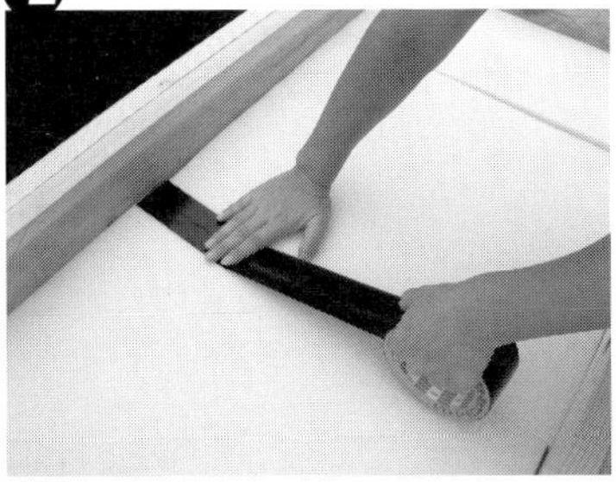

3

断熱材を通気止めテープで固定する
断熱材の下はそのまま床下となるので、断熱材の継ぎ目の部分や根太と接する部分には通気止めのテープを貼る

4

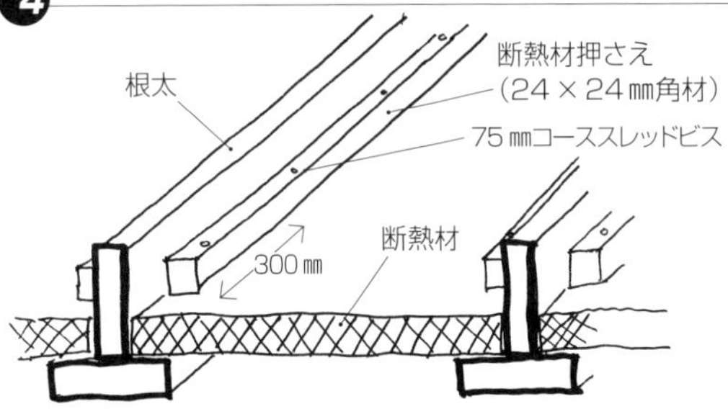

図 18　断熱材の設置
下からの風であおられ断熱材が浮き上がらないよう、断熱材押さえ（24×24㎜角材、2000㎜前後）を、土台（妻）と根太の両側の中央部に置き、75㎜のコーススレッドビスなどで300㎜間隔に留める

8- 床材を張る

1

土台（平）上に床材を張る
土台の平側の端から、土台の端面と床材の凹側の端部をそろえてビスで固定する。最初の土台の上になる床材は、構造上しっかり土台と固定することが重要。また、この上に壁ユニットがのり、ビス痕は隠れてしまうので、真上から51㎜と90㎜のコーススレッドビスを交互に300㎜間隔で2カ所くらいずつしっかり留める

2

さね加工部をはめ込む
さね加工してある床材の凸部（さね）に次に張る床材の凹部を当て、当て木をして、金ヅチで均等にたたきながらはめ込んでいく

3

根太部で、さねに斜めにビスを打ち固定
2枚目からは、さね（本実加工の凸部分）に斜めに根太に向けて51㎜コーススレッドビスを1本打って留める

4

最後の飛び出しを丸ノコで切る
最後の床材を張ったら、土台から出た部分を丸ノコ長物定規を当て、丸ノコで切り落とす

5

土台部の完成

3 壁パレット・桁パレットのパーツつくりと設置

床盤ができたら、今度は間柱でつくる壁パレットと桁パレットのパーツつくりと設置です。パレットとは、フォークリフトなどで荷物を積んで持ち上げるための板でつくったスノコ状の箱のことです。薄めの間柱材でも箱状に組むと強固になって重量に耐えるのです。

間柱パレットハウスでは、壁パレットが壁となるとともに、屋根を支える柱の役目をします。桁パレットは、梁・桁の役目をし、壁パレットを固定し、屋根を支えます。このように壁パレット・桁パレットは、重要な役目を担っているので正確に切り、ビスを丹念に打って堅固につくります。

1 壁パレット、桁パレットパーツつくり /1人で約1日

作業の手順は、①材料を設計寸法に切る→②壁パレットパーツをつくる→③桁パレットパーツをつくる→④断熱材を切る→⑤サッシ枠を組む、の順序です。

1- 壁パレットパーツの種類と必要な材料

●必要な材料と用具

[必要な材料]

杉4m間柱材…38本
杉3m間柱材…7本
断熱材　1,820㎜×910㎜…10枚
コーススレッド…51㎜、91㎜
窓サッシ（サッシH1,830×サッシW1,690）
掃き出し窓サッシ（サッシH970×サッシW1,690）
勝手口ドア（枠H1,830×枠W780）
サッシ用ビス（サッシに付属）

[必要な用具]

メジャー
インパクトドライバー
丸ノコ
カッター
サシガネ
金ヅチ

壁パレット・桁パレットつくり
床盤が大きな作業台になる。床にあまり傷をつけないよう防音断熱材（屋根下地）をのせて作業する。作業台を使ってもかまわない

完成した壁パレットパーツを設置

●壁パレットの種類

壁パレットには幅 910 ㎜タイプと幅 790 ㎜タイプとがあります。建築の材料の幅は普通 910 ㎜（3尺）をひとつの単位としています。

また、サッシやドアは、そこから柱の幅の寸法 120 ㎜を引いた 790 ㎜（クリアランス＝アソビをみて実際は幅 780 ㎜）が単位になっています。妻側は 910 ㎜パレット 1つと 790 ㎜パレット 2つとなりますが、勝手口側は 1つの 790 ㎜パレットをドアと置き換えています。また、壁パレットの高さは、掃き出しサッシや勝手口サッシの規格の寸法からきています。

下図が必要な壁パレットと窓サッシ、勝手口ドアです。壁パレットは、910 壁パレット（幅 910 ㎜のパレット、以下同様）が 6 個、790 壁パレットが 3 個、窓下壁パレットが 1 個必要です。

910 壁パレットと 790 壁パレットは、まず寸法に切った縦の部材をＬ字型に組み、枠をつくります。そのＬ字枠の間に横に 4 枚、縦に 1 枚組み入れて、スノコ状のパレットをつくります。枠をＬ字に組み、横板 2 枚入れることによって、縦横からの力に耐える強固なパレットに変身します。組み立ててから、この各パレットの内側に断熱材を入れ、中央縦板を入れて断熱材を固定します。

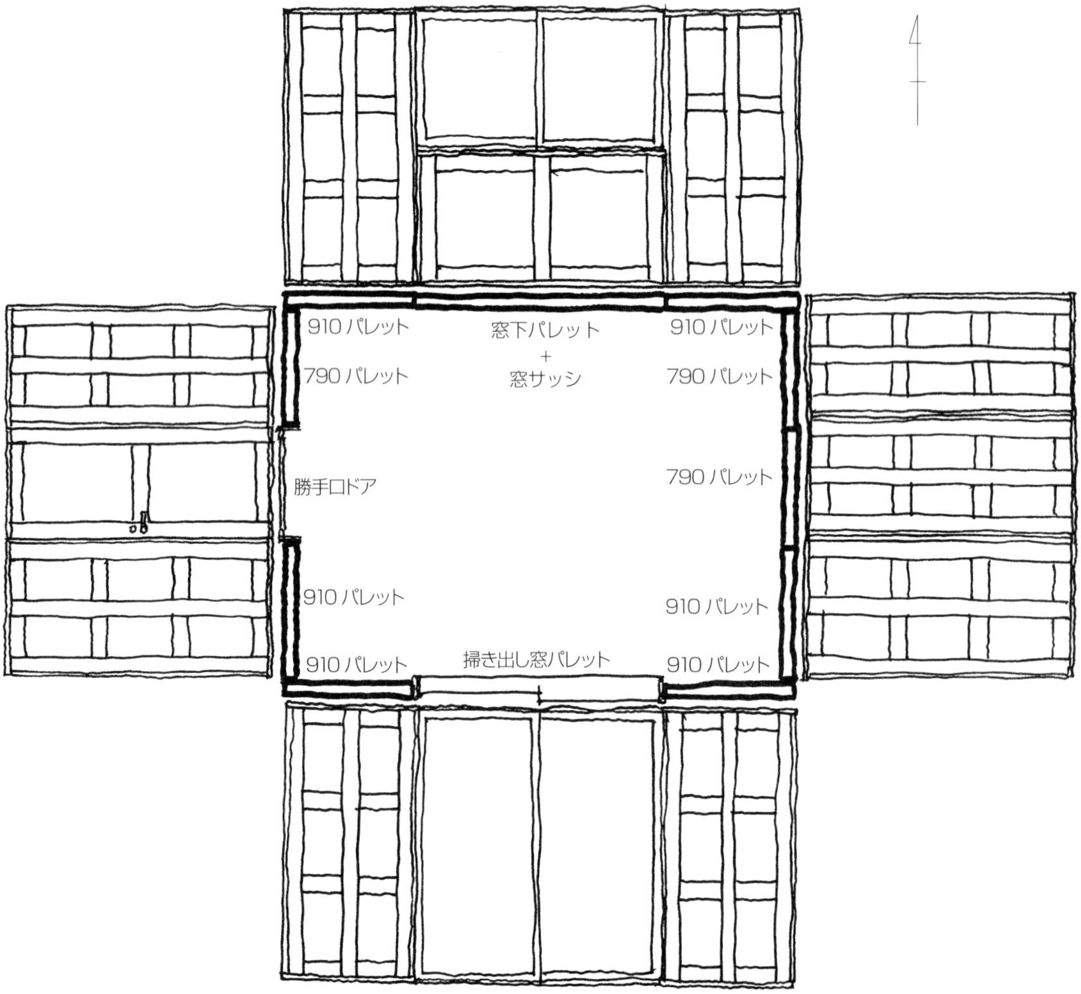

図 19　壁パレット展開図

2- 壁パレット材料を切る

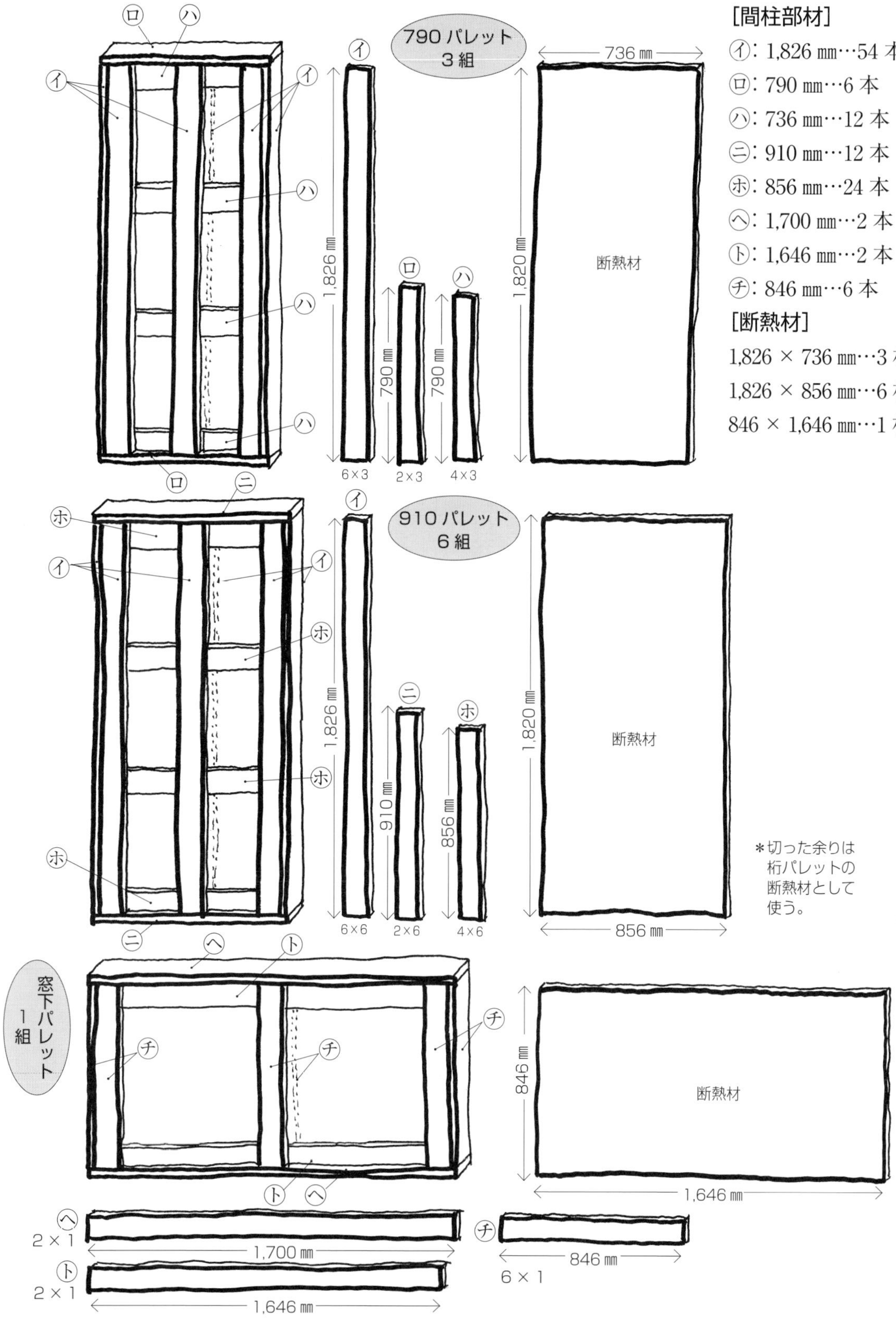

［間柱部材］

㋑：1,826 ㎜…54 本

㋺：790 ㎜…6 本

㋩：736 ㎜…12 本

㊁：910 ㎜…12 本

㋭：856 ㎜…24 本

㋬：1,700 ㎜…2 本

㋣：1,646 ㎜…2 本

㋠：846 ㎜…6 本

［断熱材］

1,826 × 736 ㎜…3 枚

1,826 × 856 ㎜…6 枚

846 × 1,646 ㎜…1 枚

＊切った余りは桁パレットの断熱材として使う。

図 20　壁パレット材料の寸法と本数

●材料を同じ長さに切る

壁パレットの材料は1,826㎜の縦材だけで54本もあります。このくらい同じ寸法のものが多いと、いちいちメジャーで測っていると大変で誤差も集積しがちです。パレットを正確に切らないと、角が直角の長方形にならず垂直に立たなくなってしまいます。47ページで紹介した方法で切れば、“測る”工程が省かれ、効率よく正確に切ることができます。

下の木取り図は間柱材をできるだけ切り端が少なくなるように考えたものですが、短い部材は土台や屋根トラスの切り端を利用することもできるので、参考にしてください。

外枠の部材には、間に組み込む横部材、縦部材の位置を印しておくと後でらくになります（切った後に床盤に当て木に当てて並べ、まとめて取り付け位置に線を引いて印をつけておく）。

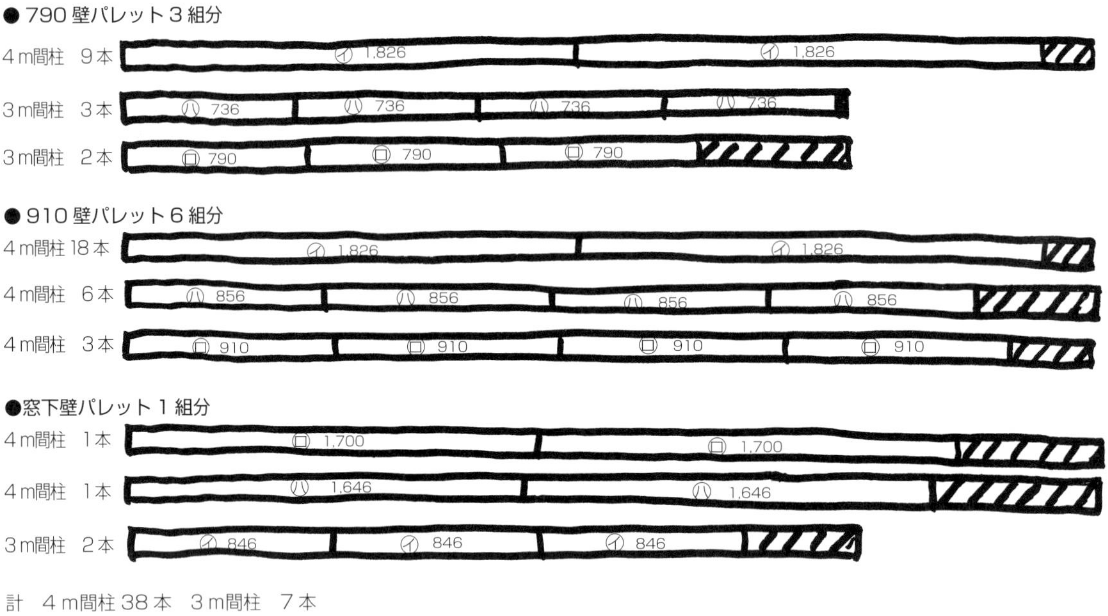

図21　壁パレットの木取り図（単位㎜）

3- 壁パレットを組む

● 910壁パレットを組む

壁パレットを組む手順を910壁パレットを例にして説明します。部材を組むときもできた床盤の角の直角を使うと便利です。

①縦枠をL字に組む

最初のL字枠も、右図のように一方をまず、縦の㋑部材を2本用意し、1本を床盤側面に床面と水平の高さに仮留めします。その木端の上にもう一方をのせ、51㎜のコーススレッドビスを200㎜間隔で留めていきます。このL字枠を12本（790壁パレット用も含めると18本）つくります。

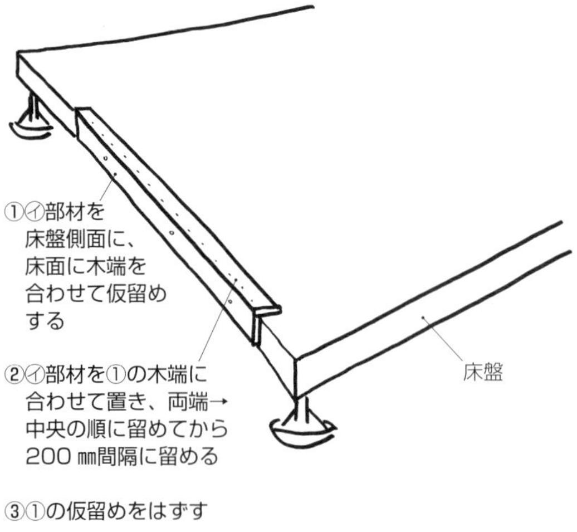

図22　床盤の縁を利用し間柱をL字に組む

②外枠を組む

Ｌ字縦枠２本、中央縦板部材㋑1枚、横枠部材㋺２枚を床盤に並べます。木口留めとなるので長い90㎜のコーススレッドビスを使い、まず両Ｌ字枠と横枠を三点留めし、次に中央縦板の木口は回転しないように二点留めします。

このビス打ち作業は下図のように、床盤に間柱材の切れ端を床盤に仮留めして当て木にし、反対側からもう一人が垂直に押し付けて行なうと、正確に打ちやすくなります。

この枠を同様に６組つくります。

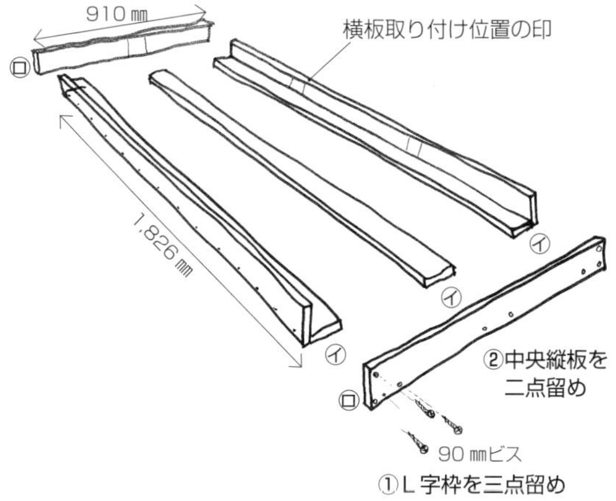

図23　910壁パレットを組む

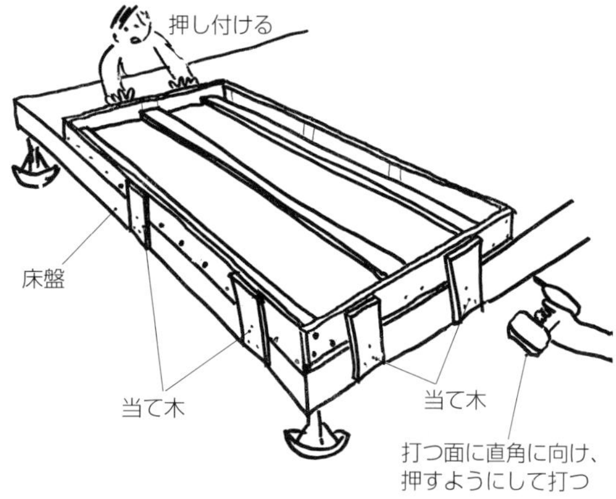

図24　当て木を当てて組む

③横板を組む

外枠の縦板㋑に印された位置に横板㋩を４本おきます（①）。このとき縦板と横板との交差部に接着剤を塗っておくと、強度が格段に増強します。次にＬ字枠と中央の縦板との交差部を、51㎜のコーススレッドでしっかり三点留めします（②）。

さらに上下の２本の横板の木端に、横外枠から51㎜のコーススレッドビスを200㎜間隔に留めていきます（③）。この木端留めが枠強度を高めるので忘れないように。

これでいったん910壁パレットの完成となりますが、この横板を三点留めした面を外に向けて床盤に設置してから、断熱材をはめ、残った縦板㋑を中央に止めます（④）。

この要領で910壁パレットをもう２組つくります。

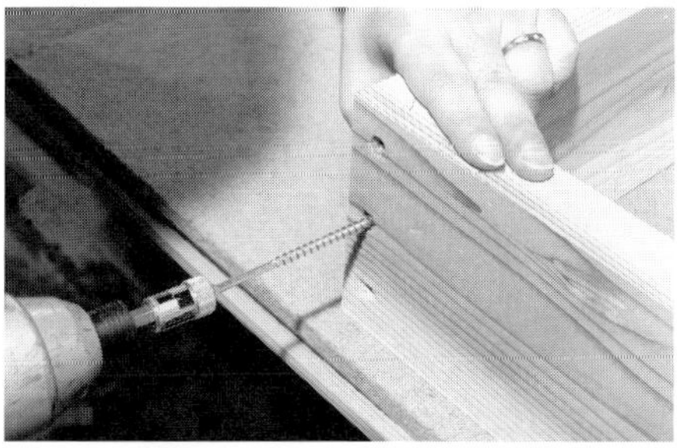

木口に打つ場合は、角をしっかり手で押し付け90㎜ビスを垂直に打ち込む

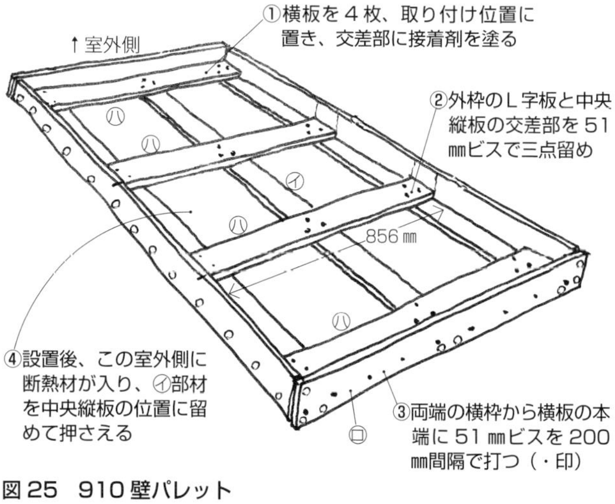

図25　910壁パレット

● 790壁パレット、窓下壁パレットを組む

790壁パレットも窓下壁パレットも910壁パレットと同様の要領で組みます。

①縦枠をL字型に組む（㋑4枚）

②縦枠・横枠・中央縦板を組む（①2組、㋺2枚、㋑1枚）

③横板を組む（790壁パレット㋩4枚、窓下壁パレット㋩2枚）

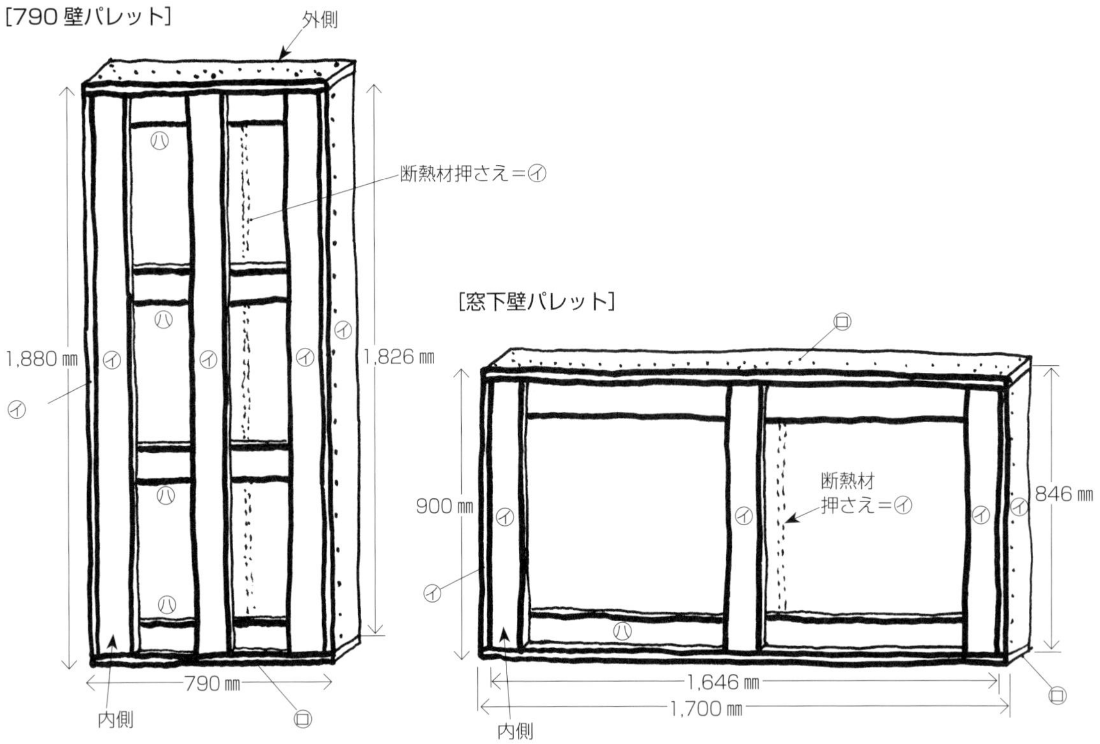

図26　790壁パレットと窓下壁パレットの部材と寸法　（いずれの壁パレットパーツにも、断熱材と断熱材押さえの縦板が加わる）

910壁パレット

壁パレットの構造試験－横力の耐力も十分－

2008年、栃木県林業センターで壁パレットの構造試験を行ないました。縦力に対しては当初から心配はありませんでしたが、横力に対しても耐える力があるかどうかを、写真のように実大実験で確かめました。

その結果、強度は縦板と横板の交差部の接合強度で決まり、交差部のコーススレッドビス三点留めで必要耐力が満たされることがわかりました。さらに、交差部に接着剤を塗ると、横力耐力は倍増することがわかりました。

4- 桁パレットを組む

●桁パレットの種類

壁パレットの上に通して置き、壁パレットを固定し屋根の重みを受ける桁パレットは、家の上部を支える土台ともいえるものです。土台と同様に、桁パレット（平）と桁パレット（妻）があります。

桁パレットは間柱の長い箱のように見えますが、構成としては壁パレットと同じ考え方です。上下の枠板を支える間柱（力板《ちからいた》）は、壁パレットの横板の役目をしています。長いので壁パレットの中央縦板に当たる短い中間縦板が、桁パレット（平）は 3 枚、桁パレット（妻）は 2 枚入ります。長い横板の間に入れる短い正方形の縦板が多くなりますが、ビスが木端に入るよう、木端を上下の向きにして組みます。特に両端に組むＬ字縦枠は木口と木端を間違えないように。木口面に止めたものはあくまで仮留めで、必ずその後に木端面できちんと留めます。

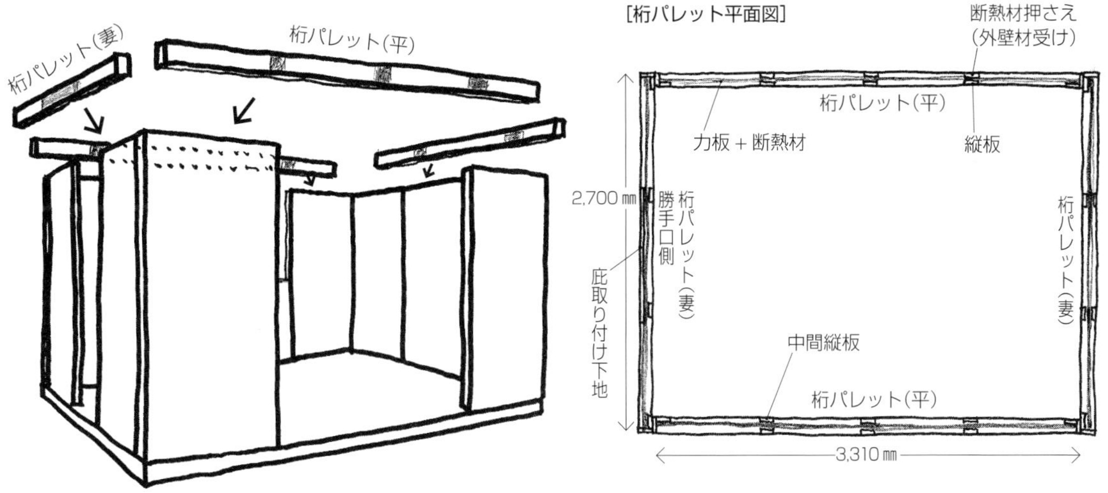

図 27　桁パレットの種類

●桁パレット材料と木取り

下図のように 4 m間柱材が 6 本、 3 m間柱材が 7 本必要になります。47 ページで紹介した方法で効率よく正確に切ります。断熱材も寸法に合わせてカッターで切ります。

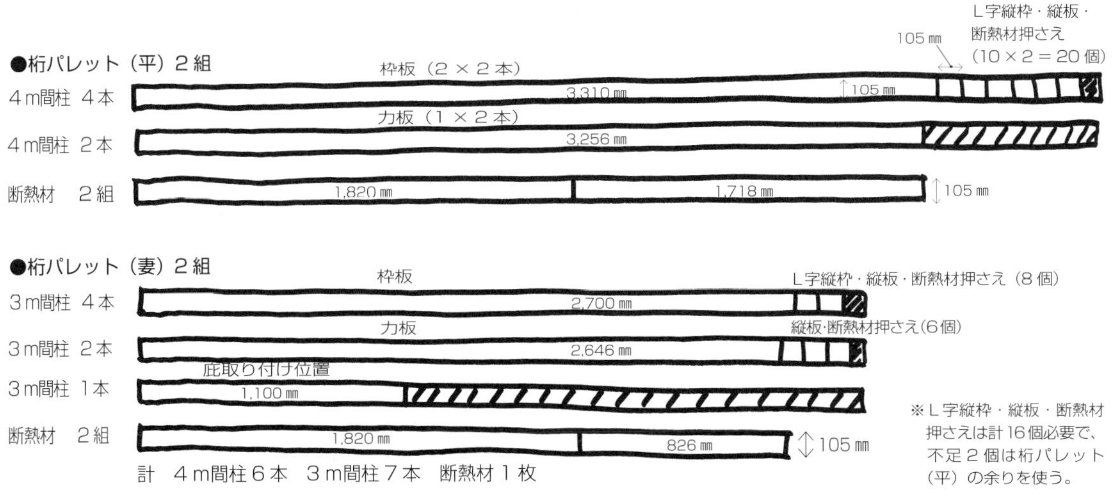

図 28　桁パレットの木取り図

●桁パレットの構造

下図は、桁パレットの横断面を上から見たものです。外側から、断熱材押さえ、断熱材、力板、縦板の順に入っています。

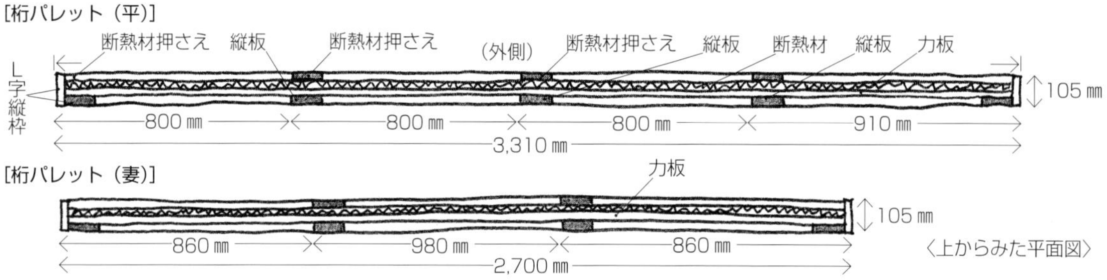

図29　桁パレット

●桁パレットを組む手順

組む手順も壁パレットとほぼ同様で、下図の要領で行ないます。勝手口側の桁パレット（妻）には、断熱材押さえの代わりに庇《ひさし》取り付け下地板を取り付けます。

①縦枠板をL字に組む

短辺の縦枠は木端を上に、長辺のL字縦枠は木口を上にして、51㎜ビスで二点留めする。

②L字縦枠・下枠・中間縦板を組む

L字縦枠・中間縦板（木端を上に）を並べて下枠をのせ、L字縦枠は三点留め、中間縦板は二点留めする。

③力板を組む

力板を中に入れ、L字枠と縦板に三点留めする。

④上枠板をのせ力板に止める

上枠板をのせ、力板の木端に51㎜ビスを200㎜間隔に打って留める。

⑤下枠も力板に止める

逆さにひっくり返し、④と同様に下枠も力板に200㎜間隔に打って留める。

⑥断熱材を入れる

⑦断熱材押さえを留める

断熱材押さえを入れ、90㎜ビスで縦板まで二点留めする。勝手口側の桁パレット（妻）には庇《ひさし》取り付け下地板を留める。

⑧完成（⑥⑦は設置し壁パレットにビスで固定してから行なう）。

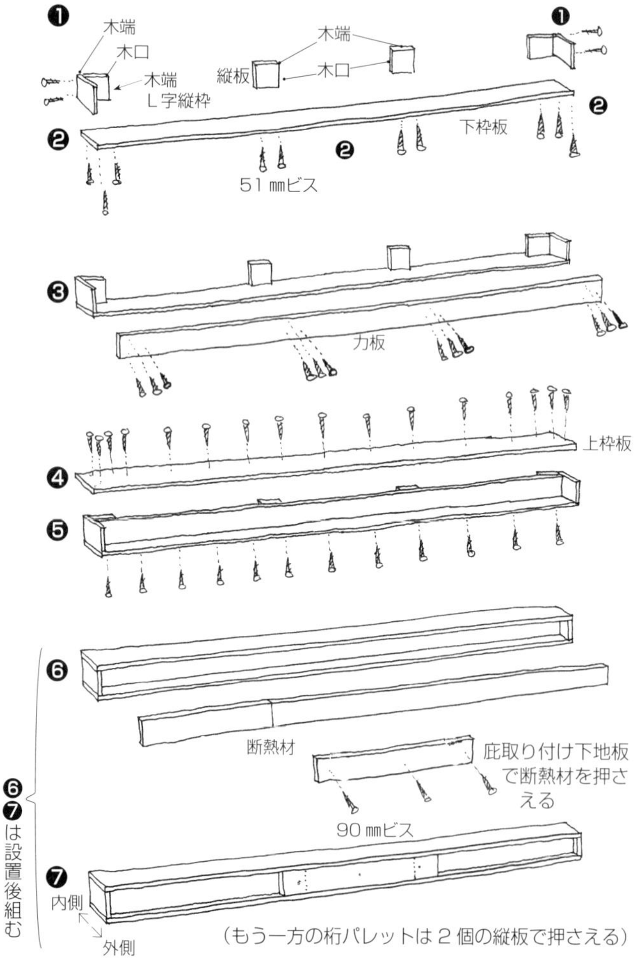

図30　桁パレット（妻・勝手口側）を組む手順

完成した桁パレット（平）の内側面

力板の木端にコーススレッドビス 51 ㎜を 200 ㎜間隔にしっかり打って留める。力板の位置は、縁から間柱の幅だけ内側なので、間柱の木片を縁に当てて打つ位置を決めるとよい

5- サッシ枠を組む

購入した窓サッシ、掃き出し窓サッシの枠を組み立てます。付属のビスで箱にはいっている説明書の組み立て図を見て行ないます。アルミ製品なので、付属のステンレスのビスを使います。コーススレッドなどの鉄製のビスを使うと腐食の原因になります。

窓サッシ：呼称Ｈ 18 呼称Ｗ 165（サッシＨ1830 ×サッシＷ1690）

窓サッシ：呼称Ｈ 09 呼称Ｗ 165（サッシH970 ×サッシW1690）

サッシのカタログ寸法から開口寸法の決め方

サッシを注文しようとカタログを見ると、いろいろな寸法が記載されていますが、セルフビルドで建物をつくるとき、まず知りたいのは、そのサッシ枠を取り付ける開口寸法(壁にあけておく寸法)です。

以前はサッシメーカーによって幅や高さの基準が違いましたが、最近は統一されるようになってきました。それでも、サッシの幅は関東間、関西間、九州･四国間、メーターモジュールと４種類もあります。本書では一番標準的で全国で入手しやすい関東間を採用しています(以下の記述も関東間の寸法)。

開口W（幅）は、サッシWの寸法に左右のアソビ（クリアランス）10 ㎜を足した寸法です。サッシW1690 の場合、1690 ＋ 10 ＝ 1700 ㎜になります。

開口H（高さ）は少し複雑です。床よりも高い位置につける窓サッシの開口Hは、開口Wと同じく上下のアソビ 10 ㎜をとった寸法です。ところが、勝手口や掃き出し窓のように、床に直接取り付けるテラスタイプの窓サッシのサッシH寸法には、慣習的にサッシ枠の下枠の高さ（40 ㎜）が含まれていません。一般的にテラス窓サッシの下枠は床より下に組み込まれますが、間柱パレットハウスでは施工が簡単になるように、サッシ下枠を床盤の上に設置します。そのため、テラス窓の開口Hは、サッシHに 40（下枠の高さ）＋ 10（アソビ）＝ 50 ㎜を加えた寸法になります。サッシH 1830 の開口Hは 1830 ＋ 50 ＝ 1880 ㎜になります。

ただし、古いタイプのテラスタイプのサッシは下枠の寸法が統一されていないので、購入の際に開口の寸法を確認しておくことが必要です。

またサッシには図のように、内付け、外付け、半外付けの３パターンがあります。雨じまいの納まりでは外付けが、サッシの重さに対する受けでは内付けが有利ですが、その両方の有利点を合わせもっている半外付けがサッシの主流になっています。

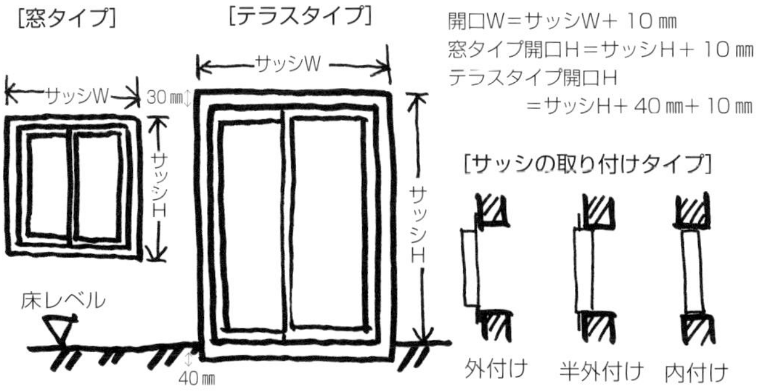

図 31　サッシＨＷ寸法と取り付けタイプ

2 壁・桁パレット、サッシ枠の設置 / 所要時間：約３人で２時間

壁・桁パレットパーツができたら、いよいよ床盤に壁を立てます。パレットの外側（断熱材を入れる側）と内側を間違えないように配置し、まず壁パレット同士をビスで堅結してから、床盤と壁パレット、壁パレットと桁パレットの順で、しっかり堅結します。誤差やゆがみを２人で押えて矯正しながらビスを打つ必要があるので、この作業には３人くらい人がいるとスムーズです。

1- 必要なパーツ・用具と手順

●必要なパーツと用具

［必要な材料］

910 壁パレット…６組（断熱材６枚　断熱材押さえ６本を含む）

790 壁パレット…３組（断熱材３枚　断熱材押さえ３本を含む）

窓下パレット…１組（断熱材１枚　断熱材押さえ１本を含む）

桁パレット（平）…２組　　桁パレット（妻）…２組　　掃き出し窓サッシ枠・障子（ガラス戸）

窓サッシ枠・障子（ガラス戸）　　勝手口ドア（枠付き）

［必要な用具］

インパクトドライバー（２台）　脚立２脚　　サシガネ　　金ヅチ

51 ㎜コーススレッドビス　　90 ㎜コーススレッドビス

●作業手順

①壁パレットの設置

②桁パレットの設置

③サッシ枠の取り付け

④断熱材の入れ込みと断熱材押さえ（外壁材受け）の設置

設置する前に壁・桁パレットに断熱材を入れ、外壁材受けとなる断熱材押さえを組んでしまうと、ビスが打ちにくくなるので、断熱材の入れ込みと断熱材押さえの設置は壁・桁パレットのビス打ちが終わってから行ないます。

平側壁パレットを四隅の角に合わせて立てる

2- 壁パレットの設置

①壁パレットを床盤に立てる

壁パレットはＬ字枠を室内側（断熱材を入れる側を外側）にして、右図のように床盤の角に壁パレット（平）の隅を合わせ、妻側パレット、窓下パレットを立てて置いていきます。向きを間違えなければＬ字枠同士が背中合わせになり、隅角の外側から 51 ㎜のコーススレッドビスで留めることができます。さらに平側の内側Ｌ字枠が右図のように少し（27 ㎜）ずれて出ます。この部分が内装材の留め代になります。

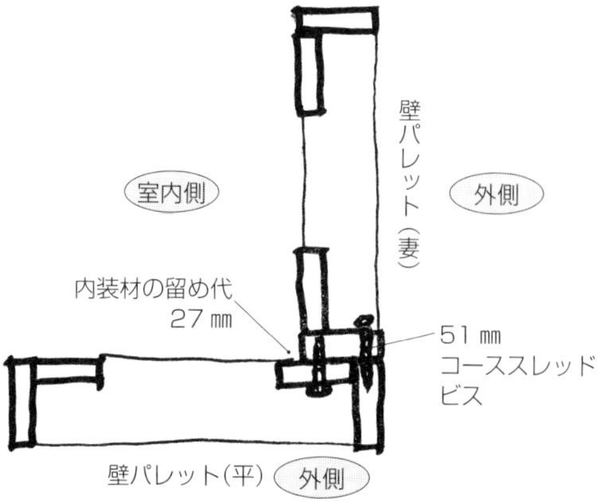

図 32　壁パレット設置断面（上面枠、中継ぎ板を除く）

②壁パレット同士を２カ所ずつ仮留めする

下図のように、壁パレットが密着するように、壁パレットの縦枠同士を２カ所ずつ 51 ㎜コーススレッドビスで仮留めします。

まず、四隅の壁パレット（妻）と壁パレット（平）を仮留めしてから（図の❶）、間に入る壁パレット（妻）、窓下パレットを仮留めし密着させます（図の❷）。

３組の壁パレットを立てた妻側の角から、２カ所ずつ仮留めする

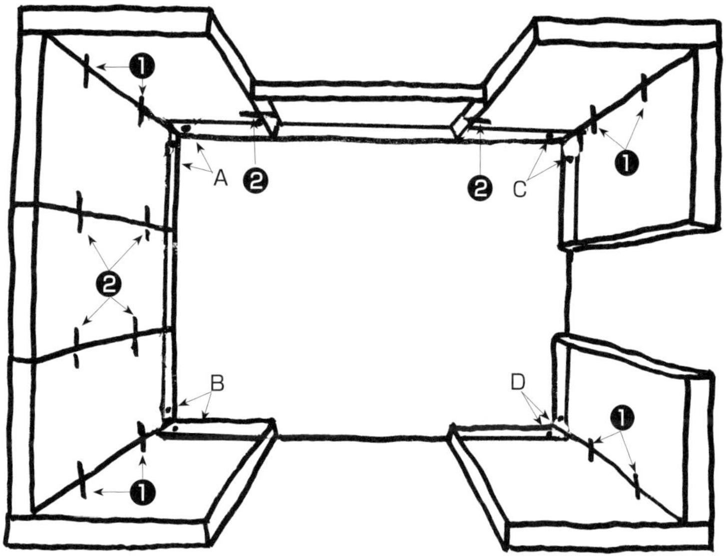

図 33　壁パレットの仮留めの手順

③連結した壁パレットの四隅を床盤に仮留めする

壁パレット同士を仮留めしてから、上図のＡからＤの順に床盤と壁パレットを 90 ㎜コーススレッドビスで仮留めします。Ａを留める際に、壁パレットＡ－Ｂと壁パレットＡ－Ｃの寸法が各土台の寸法と同じになるよう、ＢとＣの隅を見ながら誤差を均等に分散してから、Ａを留めます。

Ｂ、Ｃ、Ｄは、掃き出し窓サッシ枠、窓サッシ枠、勝手口ドアが入るかどうか開口幅を確認して、誤差は均等に分散してから留めていきます。

連結した壁パレットが床盤の長さと合わないときは、当て木をして軽くたたいて、誤差を両サイドに均等に分散させる

壁パレットの位置が決まったら、四隅を２カ所（矢印部）、床盤を突き抜けて土台まで届く 90 ㎜コーススレッドビスで仮留めする

④床盤と壁パレットをがっちりビスで堅結

柱の役割も受け持つ壁パレットは、床盤・土台、さらに壁パレットと強固に堅結することが重要です。

壁パレットを4辺きちんと配置し仮留めしたら、まず下の写真のように、壁パレットの下枠の外側と内側に、90㎜のコーススレッドビスを、200㎜間隔くらいに土台まで通るように留めていきます。90㎜コーススレッドビスは長いので、垂直に強く押し付けて打つのに多少力が必要です。

外側から90㎜のコーススレッドビスを、200㎜間隔くらいに打ち込む（・印）。内側からも、外側のビスとの間の位置に同様に打つ（▽印）

⑤壁パレット同士をがっちり堅結

仮留めした壁パレット同士も51㎜コーススレッドビスを、上図のように、200㎜間隔くらいに、千鳥状に打って堅結します。

[壁パレット同士を堅結]

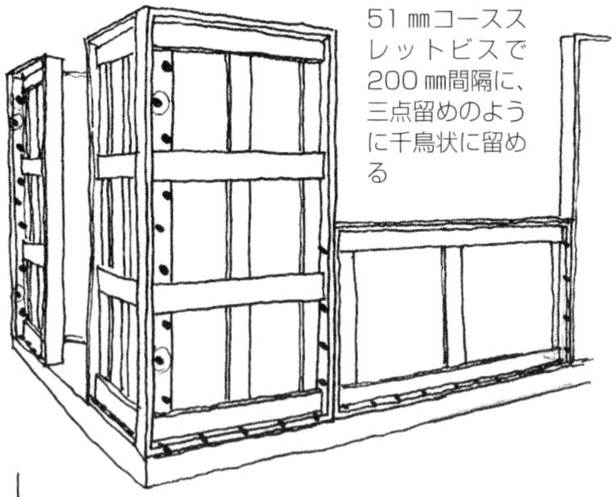
51㎜コーススレッドビスで200㎜間隔に、三点留めのように千鳥状に留める

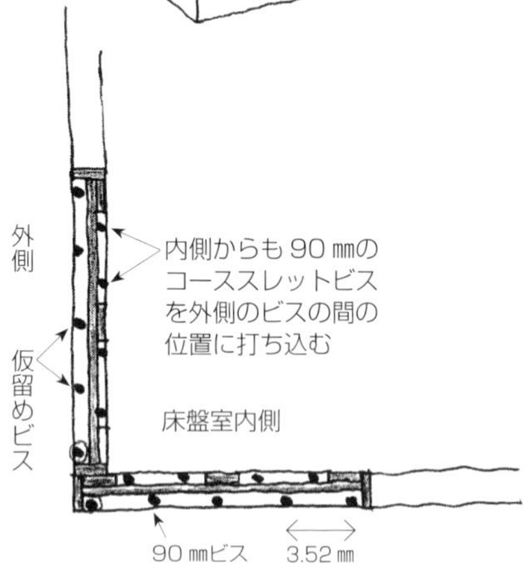
外側
内側からも90㎜のコーススレットビスを外側のビスの間の位置に打ち込む
仮留めビス
床盤室内側
90㎜ビス
3.52㎜

図34　床盤・土台と壁パレットを堅結

できるだけ垂直に、200㎜間隔に千鳥状に打つ（反対側からは打つ必要はない）

壁パレットの設置完了

3- 桁パレットの設置

桁パレットは妻側の桁パレットの両端が四隅にのります。右図のように壁パレットとは互い違いになります。

このあたりから脚立が必要になります。

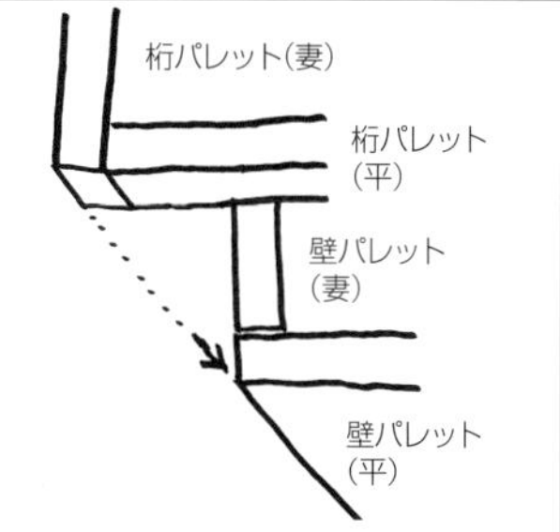

[互い違いにのる壁パレットと桁パレット]

まず桁パレット（妻）を１人が押してゆがみを矯正しながら仮留めする

①妻側の桁パレットを仮留めする

手順は右図のように、まず四隅にのる桁パレット（妻）を、両方の壁パレット（妻）の上にのせ、連結した壁（妻）との誤差が均等となるように調節してから、両端に51㎜コーススレッドビスを１本ずつ打ち、壁パレットに仮留めします（▼印）。

②平側の桁パレットを押し込む

平側の掃き出し窓の開口部はひずみが集中しやすいので、狭くなって桁パレットが入りにくくなったり、広がってすきまができてしまったりします。このような場合は、もう１人が床盤にのって壁パレットを引いたりして入れたり、押してすきまをなくしてから、両端に51㎜コーススレッドビスを１本ずつ打ち壁パレットに仮留めします（▽印）。

③桁パレット（妻）と桁パレット（平）を堅結

桁パレットを仮留めしたら、右図③のように四隅の妻側の桁パレットから平側桁パレットに51㎜コーススレッドビスで二点留めして堅結します。この桁パレットどうしの堅結を忘れないようにしてください。

④桁パレットを壁パレット堅結

窓枠サッシがはいるかどうか確認してから、右図のように桁パレットの外側と内側を、51㎜コーススレッドビスで200㎜間隔にガチガチに留めます。

下の壁パレットから上向きに打ち込んでもかまいません。

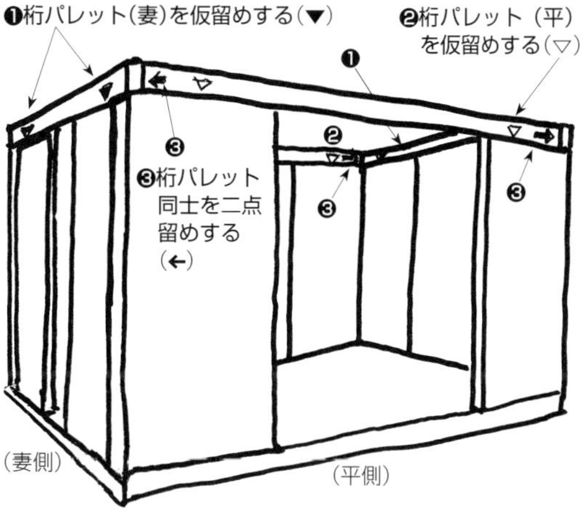

図35　桁パレット設置の手順

四隅の桁パレットどうしを51㎜ビスで二点留め

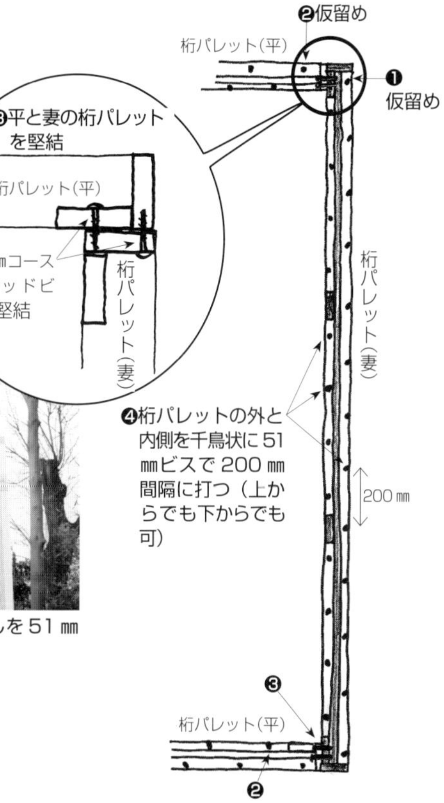

図36　桁パレットの堅結

4- サッシ枠の取り付け

設置した壁の開口部に、掃き出し窓サッシ枠、勝手口サッシ枠、窓サッシ枠を入れます。いずれも左右、上下に10㎜くらいの寸法の余裕をみているので壁中で動きます。薄いベニヤ板などをすきまに詰め、まず、サシガネで枠の直角を確認してビスで仮留めしていきます。実際に障子(窓)を入れて具合をみてから、障子をはずして、すべてのビスを留めていきます。ビスは必ずサッシに付属でついているステンレスのビスを使います。

勝手口ドアと枠（奥左）、掃き出し窓障子（ガラス戸　奥中央）、窓障子（ガラス戸）と窓サッシ枠（右）、掃き出し窓サッシ枠（前）

開口部のすきまにベニヤ板などを詰めて付属ビスで留める

5- 断熱材の入れ込みと断熱材押さえの設置

各壁パレット、桁パレット合わせて切った断熱材パーツを、各パレットに外側から入れていきます。すきまがなければ通気止めのテープは断熱材の継ぎ目だけでもかまいません。

壁パレットには断熱材押さえを縦板と同じ中央に入れ、90㎜コーススレッドビスを上・中・下と3本打って留めます。桁パレットには正方形の断熱材押さえを同様に縦板と同位置に入れ、90㎜ビスを1、2本打って留めます（両サイドはあえて必要なし)。

勝手口ドア側の桁パレットには、「庇取り付け下地板」を勝手口サッシの上の位置に入れて留めます（詳しくは66ページ参照)。

断熱材押さえを入れると、桁の断面の厚さが桁枠の奥行と同じ105㎜になるので、断熱材押さえは、そのまま外壁材を留める外壁材受けになります。

❶

断熱材パーツを入れる。桁パレットの断熱材の継ぎ目にはテープを貼る

❷

断熱材押さえを反対面の縦板の位置にはめ込み、90㎜ビスを上・中・下と3本打って留める

❸

壁パレット・桁パレット、サッシ枠の設置完了

4 屋根トラスなどのパーツつくりと屋根の設置

さあ、いよいよ、屋根つくりです。屋根は風雨を遮断する家の最も重要な部分です。

この間柱パレット工法の屋根は、下図のように、間柱でつくった三角形の屋根トラスを桁パレット（平）の上に５組設置し、その上に杉の野地板を横に渡して張りつめ、さらに防音断熱材、ゴムアスファルトルーフィング（防水）、鋼板横葺の順で張っていきます。５組の屋根トラスの垂木《たるき》の両端には、垂木の木口を隠すように間柱材を使った鼻隠《はなかく》し板を渡します。両端の屋根トラスにはポリカ（明かり取り）を設置するので、トラスの凹凸をなくす端部ふさぎを取り付けます。また、平側の垂木と垂木の間のすきまは面戸《めんど》でふさぎます。

このパーツつくりの作業は壁・桁パレットパーツつくりと一緒に行なえば、床盤の上でゆったりとできるので、おすすめします。屋根トラスの勾配は４寸勾配（100 ㎝で40 ㎝上がる傾斜）です。

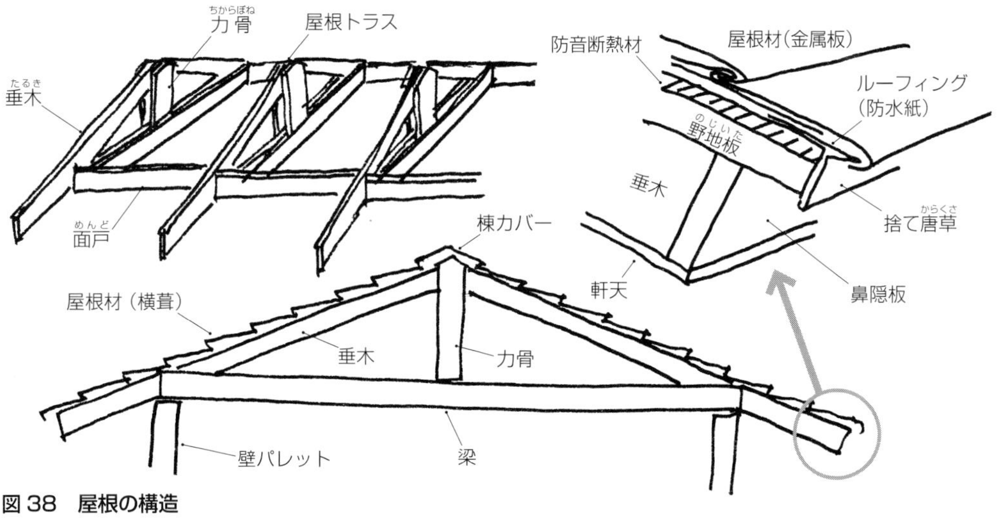

図 38　屋根の構造

1 屋根トラス・屋根材料パーツつくり / 所要時間 / 1 ～ 2 人で 3 時間

1- 必要な材料と用具

必要なパーツは、①屋根トラス５組、②端部ふさぎ２組、③面戸８組、④鼻隠し板２組、⑤野地板、⑥防音断熱材、⑦ゴムアスファルトルーフィング、⑧鋼板横葺 20 枚、⑨棟カバー２本、⑩捨て唐草《からくさ》２本、⑪けらば金物４本です。このうち、設置前につくっておくパーツは①～⑦です。①～④は間柱材を使います。野地板も間柱材でもかまいませんが、ここでは破風板《はふいた》として売られている、厚さ 24 ㎜の少し幅の広い板を用いています。

[必要な材料（①～⑦用）]

間柱材 3ｍ　15 本　　4ｍ 11 本

野地板　4ｍ幅 210 厚 24　18 枚

　　　　4ｍ幅 150 厚 24　2 枚(端部ふさぎ用)

防音断熱材（エコヘルボード）10 枚

ゴムアスファルトルーフィング 21ｍ　1 巻

ビス 510 ㎜コーススレッド

[必要な用具]

インパクトドライバー、丸ノコ、丸ノコ定規、丸ノコ勾配定規、サシガネ、メジャーなど

2- 屋根トラス・端部ふさぎパーツを組む

屋根トラスは屋根の梁と束と垂木がセットになったものです。普通の屋根には頂部に垂木どうしを固定する棟木を渡しますが、この間柱パレット工法では、この役目を厚い野地板が担っています。屋根トラスは梁・力骨・垂木の三角形構造で、梁は間柱２枚、力骨は３枚重ね合わせて強度をつけます。

垂木は１枚ですが、野地板をしっかり留めると安定します。

①屋根トラス・端部ふさぎ部材を切る

下図のように間柱材を用意し、下図の寸法で切ります。力骨材はいままでの切り落としを利用することもできます。端部ふさぎ部材は屋根設置の際に取り付けます。

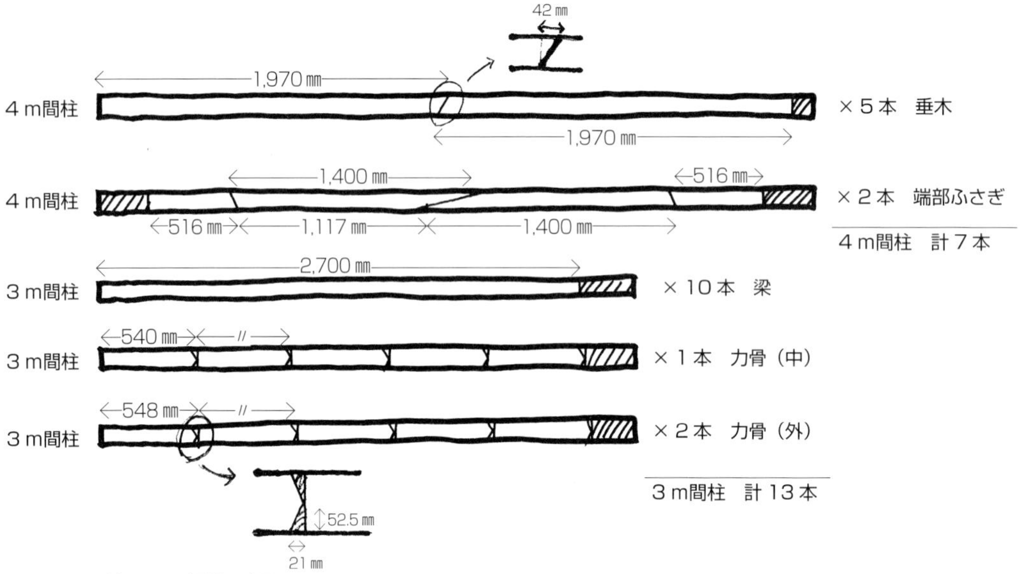

図 38　屋材トラス部材の木取り図

●重ね斜め切り法

屋根トラスの垂木や力骨、端部ふさぎは、40％の斜度の丸ノコ勾配定規を下図のように、最初に切った部材にビスで留め、２本目からは壁パレットのときと同様に、この勾配定規を次に切る間柱材の上に重ねて切っていきます。端部ふさぎの一方の端は、この４寸勾配線に直角の傾きとなるので勾配定規にサシガネを当てて線を引き、長物定規を同様にビスで留め重ね切りします。

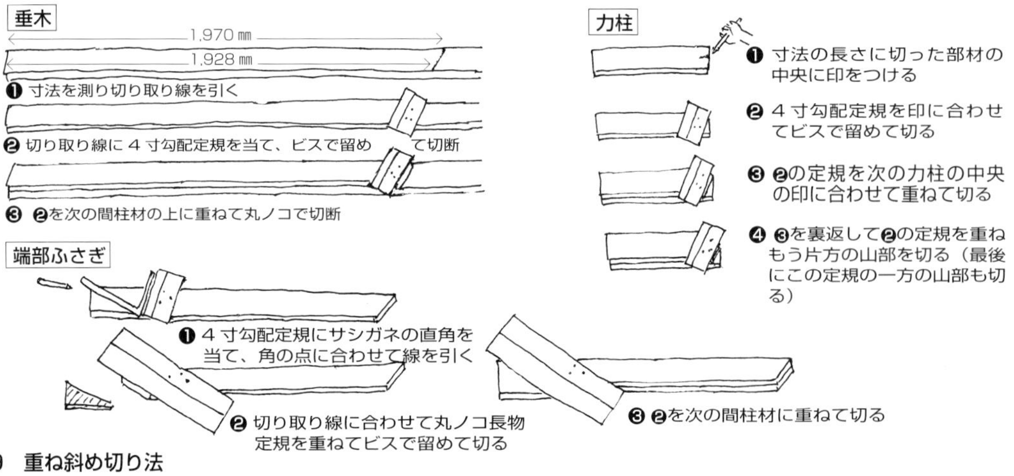

図 39　重ね斜め切り法

②屋根トラスを１組つくる

屋根トラストを組むには、まず右図のように１組つくり、２組目からは下の写真のように、この最初の１組目を下敷き定規にして組むと容易で、誤差が少なくなります。力骨と梁は土台などと同様、木裏が外側になるように組むとベターです。

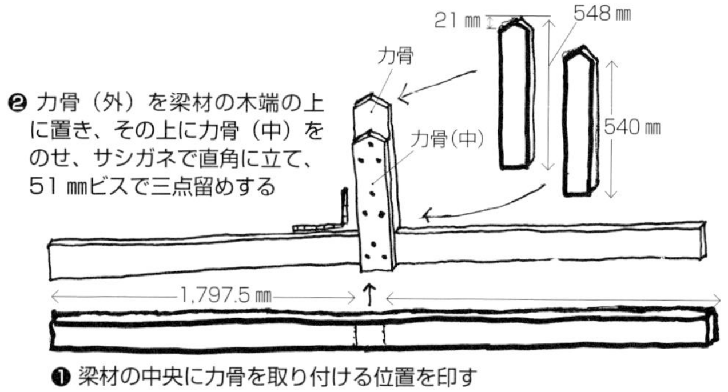
21 ㎜
548 ㎜
力骨
540 ㎜
力骨(中)
❷ 力骨（外）を梁材の木端の上に置き、その上に力骨（中）をのせ、サシガネで直角に立て、51 ㎜ビスで三点留めする
1,797.5 ㎜
❶ 梁材の中央に力骨を取り付ける位置を印す

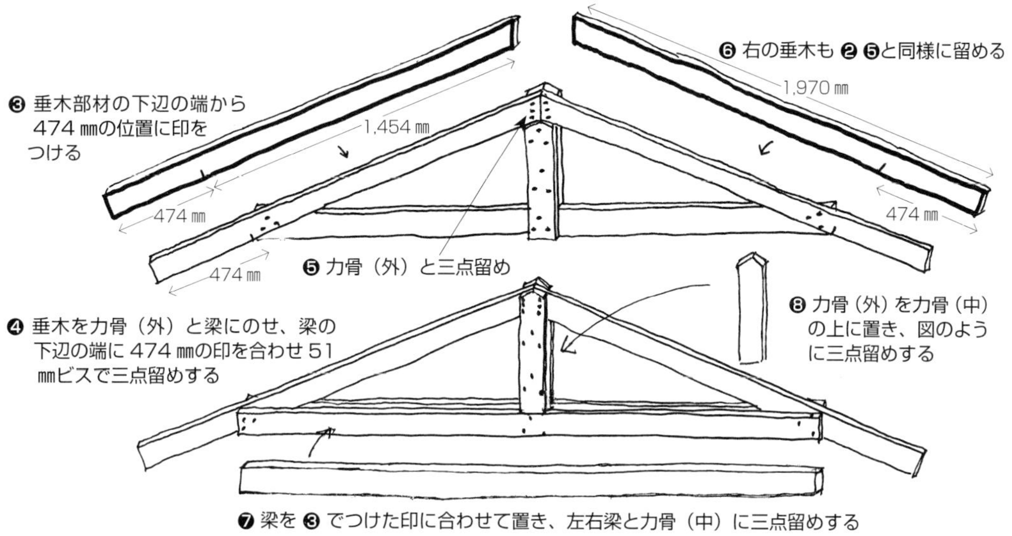
❻ 右の垂木も ❷ ❺と同様に留める
1,970 ㎜
❸ 垂木部材の下辺の端から474 ㎜の位置に印をつける
1,454 ㎜
474 ㎜
474 ㎜
474 ㎜
❺ 力骨（外）と三点留め
❹ 垂木を力骨（外）と梁にのせ、梁の下辺の端に 474 ㎜の印を合わせ 51 ㎜ビスで三点留めする
❽ 力骨（外）を力骨（中）の上に置き、図のように三点留めする
❼ 梁を ❸ でつけた印に合わせて置き、左右梁と力骨（中）に三点留めする

図 40　屋根トラスを組む手順

③最初の屋根トラスを定規にして屋根トラスを組む

1
梁の上に梁（矢印）を置き、力骨（外）の上に力骨（外）を置く

2
①で置いた梁と力骨（外）の上に力骨（中）を置き三点留めする

3
敷きの屋根トラスに合わせて垂木（左）を中骨（外）と梁の上に置き、三点留めする

4
③と同様に垂木（右）をのせ三点留めする

5
力骨（外）を垂木や力骨（中）に合わせて三点留めし、梁をのせる

6
梁を三点留めする

3- 面戸《めんど》と鼻隠《はなかく》し板を組む

面戸は、屋根と桁パレットの間のすきまをふさぐものです。下図のようにＬ字型に８組つくります。根太を設置するときは、床の断熱材を設置間隔を測るものさし（スペーサー）にしましたが、屋根トラスはこの面戸をスペーサーにします。

鼻隠し板は、トラスの垂木の木口を隠して保護する板です。これは図 43 のように変形のＴ字型に２組つくります。

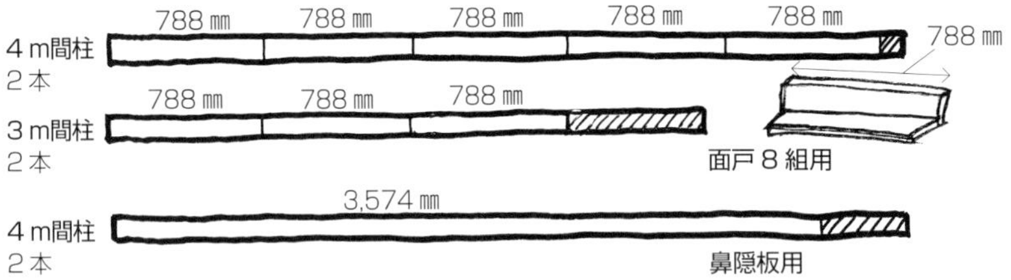

図 41　面戸・鼻隠し板の木取り図

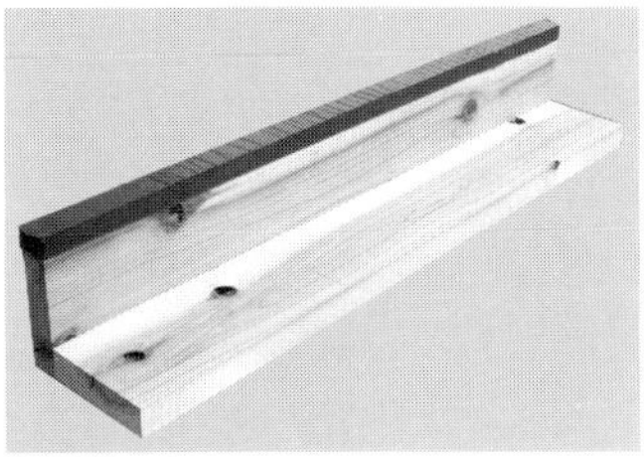

面戸パーツ

切った面戸部材の１枚を木口を立てて置き、隣に同様に置いた間柱を枕にして、もう１枚の面戸部材をのせ、下の部材の木端に 51 ㎜コーススレッドビスを 30 ㎝間隔に打つ。これを８組つくる

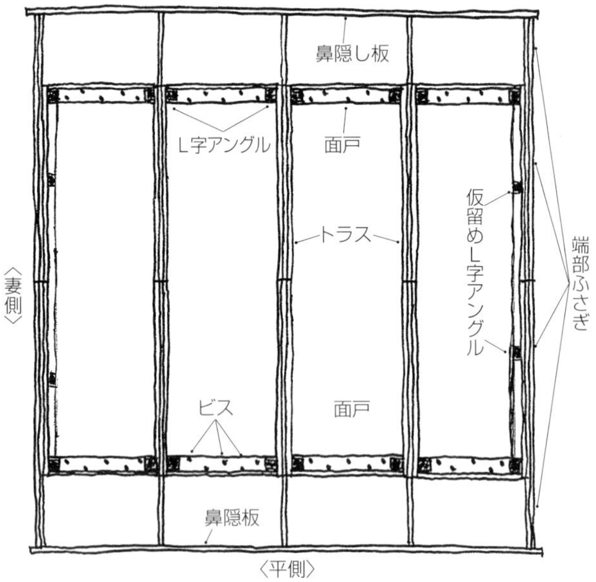

図 42　トラス設置平面図

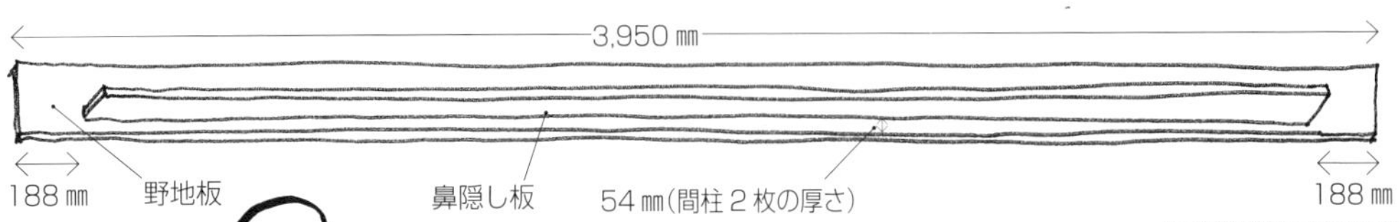

図 43　鼻隠し板を組む

鼻隠し板

4- 野地板・アスファルトルーフィング・防音断熱材・棟カバーを切る

屋根トラスの上に葺く野地板・アスファルトルーフィング・防音断熱材・棟カバーを屋根の寸法に合わせて切ります。屋根寸法は最後にかぶせる金属の屋根材（横葺）の寸法に合わせているので、屋根材は切る必要ありません。

①野地板を切る

右図のように長さ4ｍ幅210㎜の破風板18枚、長さ4ｍ幅150㎜の破風板2枚を3,950㎜の長さに、丸ノコ定規を当てて切りそろえます。野地板は切った後は、木表の面が汚れないように木表を重ねて保管します。木表が天井面に見えるように張っていくからです。

なお、破風板の代わりに間柱材を使う場合は､長さ4ｍ幅120㎜のものを34本用意し、同様に切ります。

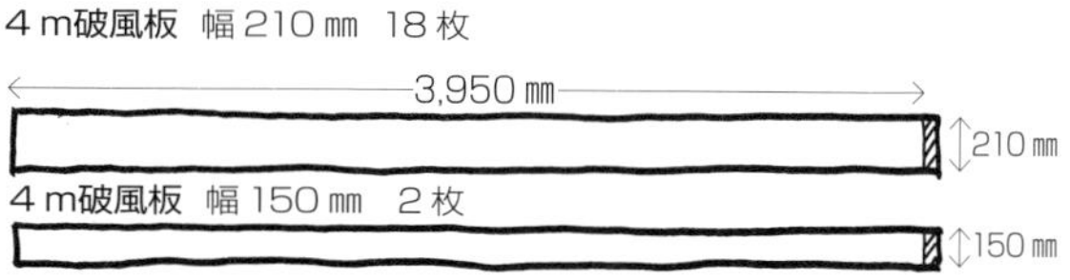

図44　野地板

②防音断熱材を切る

次に野地板の上に敷く防音断熱材を、右図のように切ります（屋根に敷く割付図は83ページ参照)。これは紙のような素材なのでカッターで切れます（切れ目を何回かカッターでなぞると簡単に切れる)。金属の屋根は雨の音がうるさいという欠点がありますが、このボードを敷くとある程度緩和できます。

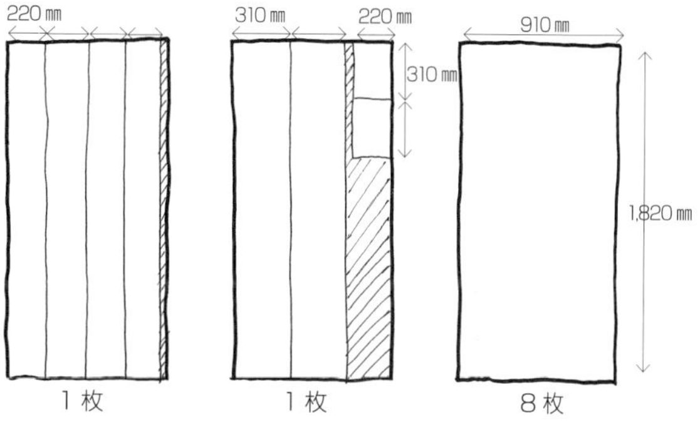

図45　防音断熱材のカット

③ルーフィングを切る

野地板の上に防水のために敷く、アスファルトをしみ込ませた屋根用の防水紙、ルーフィングをカッターで切ります。幅約1ｍで20ｍひと巻きのものを、野地板から少しはみ出るくらいの長さ(4,000㎜）に5枚切って､また丸めておきます（割付図は83ページ参照)。

本書ではビスを打ってもその穴を包み込んでしまう止水性の高いゴムアスファルトを使います。

間柱材を下敷きと定規にしてルーフィングをカッターで切る

④棟カバー端部を切る

屋根の頂部の棟には、屋根材と同じ金属板でできた棟カバーをかぶせます。この棟カバーは整形されて売られていますが、図のように棟の長さにあわせて端部を妻側に折り曲げて設置します（すでに切って折り曲げて売られている場合もある)。図のような手順で金切りバサミで切り、折り部は間柱などの角に当てて折り曲げます。

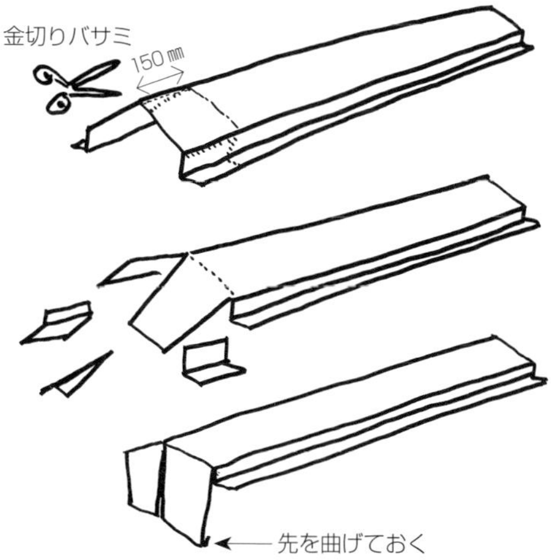

図46　棟カバーの端部処理

2 屋根を設置する　所要時間 /3 人で約 3 時間

さあ、いよいよ棟上げです（間柱パレットハウスには棟木はありませんが）。ちょっとした棟上げ祭りも行ないたい気分になります。ただし、屋根トラスは野地板を張る前は不安定で、高い所の作業なので転落などの事故のないよう十分に注意しましょう。野地板を張る前に、必ず両妻側に仮補強材を立てて屋根トラスと壁を固定して倒れないようにしておきます。

この作業は 3 人で 3 時間くらいです。2 人でもできるのですが、屋根に 2 人がのったとき誰か下にいてくれると、部材を上げる際に上がったり下りたりせずにすみます。

1 - 必要な材料・用具と作業手順

[必要な材料]

屋根トラスパーツ… 5 組
面戸パーツ… 8 組
　アングル… 18 個
野地板部材…20 枚
鼻隠し板パーツ… 2 組
端部ふさぎ部材… 8 個
防音断熱材部材…16 枚
ルーフィング 4 m … 5 枚
屋根材　金属板…20 枚
　　　　捨て唐草… 4 枚
　　　　けらば水切り… 4 枚
　　　　棟カバー… 2 つ
棟カバー下地板　間柱 3,500 ㎜… 2 本
トラス倒れ止め　3,000 ㎜…2 組
シリコンコーキング
コーススレッド　28 ㎜、51 ㎜、90 ㎜
ステンレスビス　31 ㎜
タッカー芯

[必要な道具]

インパクトドライバー… 2 台
脚立… 2 台
タッカー… 1 台
コーキングガン
金ヅチ… 2 丁

●作業手順

1

屋根トラスパーツと面戸パーツの設置

2

野地板を張る

3

防音断熱材を張る

4

ルーフィングを張り捨て唐草を取り付ける

5

屋根材を張る（横葺き）

6

屋根の完成

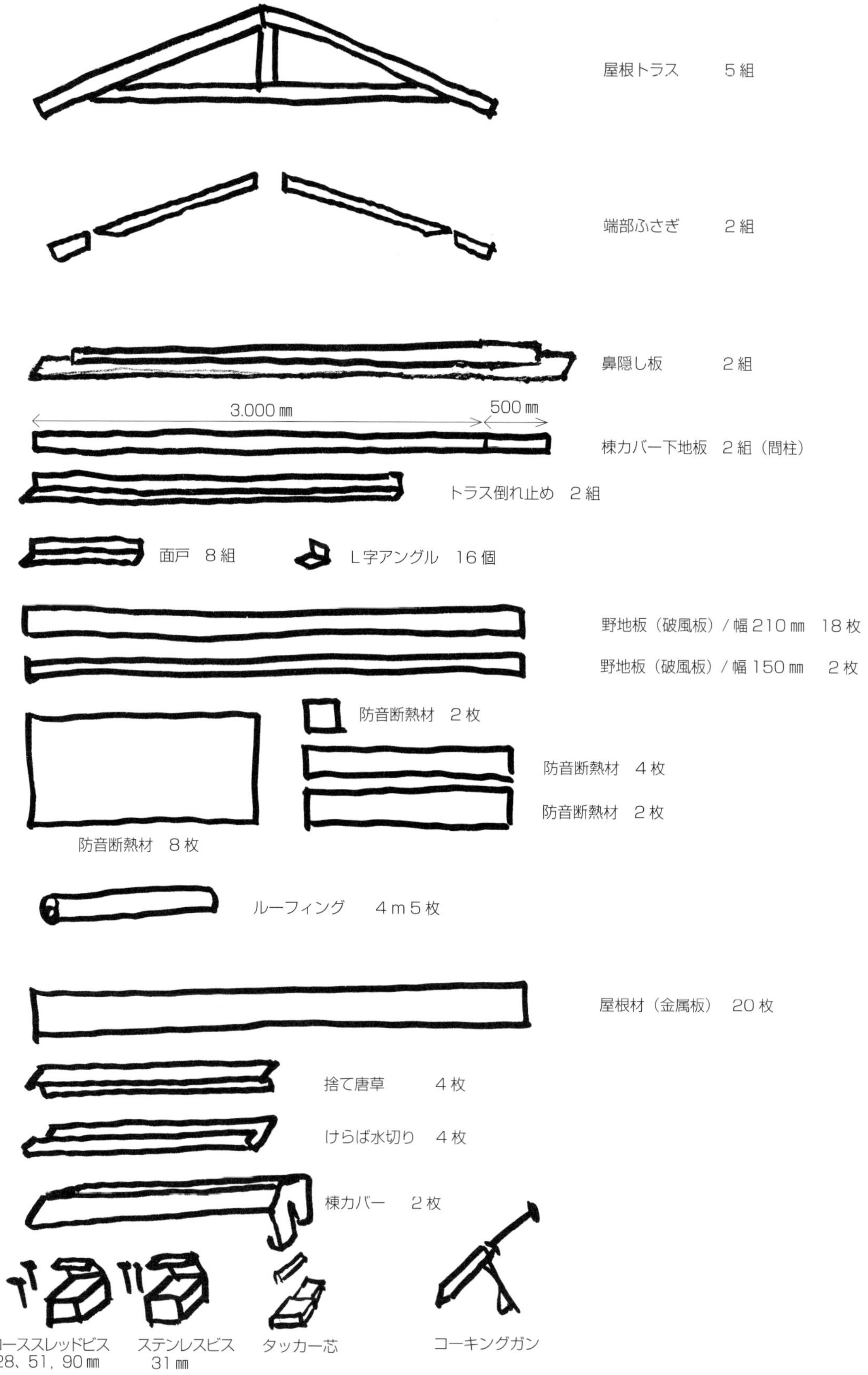
屋根トラス　5組
端部ふさぎ　2組
鼻隠し板　2組
3.000㎜
500㎜
棟カバー下地板　2組（問柱）
トラス倒れ止め　2組
面戸　8組
L字アングル　16個
野地板（破風板）/幅210㎜　18枚
野地板（破風板）/幅150㎜　2枚
防音断熱材　2枚
防音断熱材　4枚
防音断熱材　2枚
防音断熱材　8枚
ルーフィング　4m5枚
屋根材（金属板）　20枚
捨て唐草　4枚
けらば水切り　4枚
棟カバー　2枚
コーススレッドビス
28、51，90㎜
ステンレスビス
31㎜
タッカー芯
コーキングガン

図47　屋根の設置に必要なパーツ、部材

2- 屋根トラスと面戸、端部ふさぎの設置

屋根が大風で吹き飛ばされないよう、桁パレットの上枠の下から、屋根トラスの２本の梁の木端にがっちりとビスを打ち、さらに面戸とＬ字アングルでしっかり固定します。

下からビスを打つと首が多少痛くなりますが、手抜きはできません。

屋根トラスと面戸のパーツ

①最初の屋根トラスパーツを桁パレット（妻）に仮留め

屋根トラスを妻側の桁パレットの上に、屋根トラスの梁の端と桁パレットの端、外側の力骨側面と桁パレット側面を合わせて置き、桁パレットと梁を内側からＬ字アングルで２カ所留めます。

屋根トラスの梁と桁パレット（妻）を内側からＬ字アングルで仮留めする

②桁パレットからビスを打って留める

①の屋根トラスを桁パレット上枠の外と内側から、90㎜コーススレッドビスを200㎜間隔に打ち、がっちりと留めます（断熱材を入れる前に設置するとビスを打ちやすい）。

外側からはまっすぐに、内側からはやや斜めに打ちます。

桁パレットの上枠の下から90㎜ビスを200㎜間隔に打つ

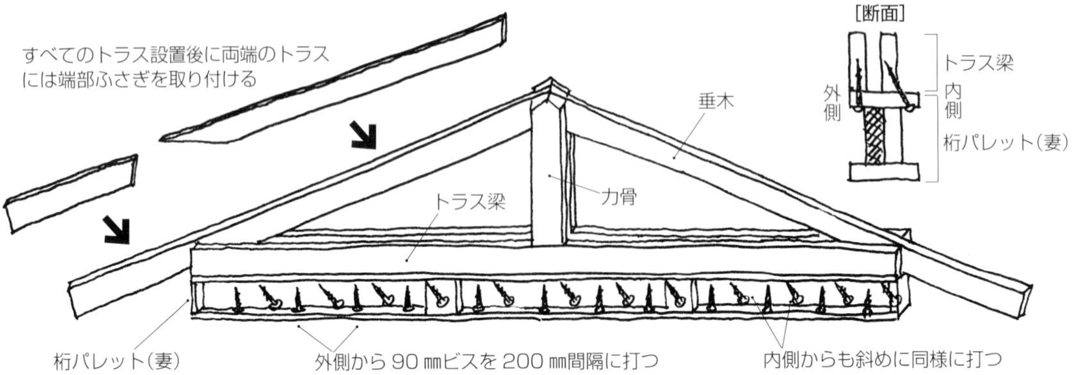

図48　両端の屋根トラスの設置

③面戸を設置する

平側桁パレットに面戸をのせ、①の設置した屋根トラスにピッタリくっつけて、面戸の底板と桁パレットを、51㎜コーススレッドビスを150㎜間隔に千鳥状に打ってしっかり留めます。

さらに①の屋根トラス梁と面戸底板をＬ字アングルで留めます。

屋根トラス梁と面戸底板をしっかりビスで留める

④残りの屋根トラス・面戸を設置する

2本目屋根トラスも同様に桁パレットの端と梁の端を合わせて、③の面戸にしっかりくっつけ、③の面戸底板と梁をL字アングルに51㎜のビスを打って留めます。

次の面戸を2本目の屋根トラスにしっかりくっつけ、面戸の底板に51㎜コーススレッドビスを150㎜間隔に千鳥止めし、しっかりと桁パレットに留めます。

これを右図のように繰り返して、L字アングルをしっかりと梁の両側に留めます。5本目は①と同様に桁パレット（妻）に設置します。最後に入れる面戸には多少クリアランスをみてあります。

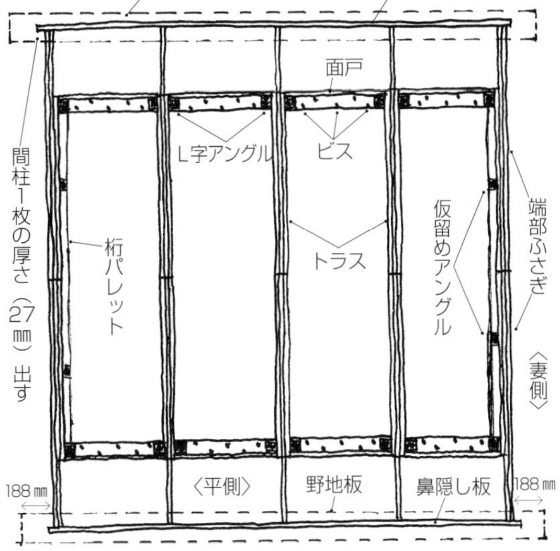

図49　トラス・鼻隠し板設定底面図

屋根トラスの梁と面戸底板を、2本の梁の両側からL字アングルで留める

屋根トラスの梁と面戸縦板との間にすきまができた場合は、シリコンコーキングで埋めておくとよい

⑤端部ふさぎを設置

最後に、両端の屋根トラスの垂木が力骨や梁と同じ平面となるよう、左右2本の端部ふさぎ板を51㎜ビスを600㎜間隔に打って留めます。

ポリカが設置できるよう、垂木に端部ふさぎ板を重ねて力骨、梁と同じ平面にする

⑥妻側にトラス倒れ止めを取り付ける

両端部の屋根トラスが壁と同じ平面になるように、L字のトラス倒れ止めを図のように取り付けます（屋根が葺き終わったら除去）。

トラス倒れ止めを仮留め

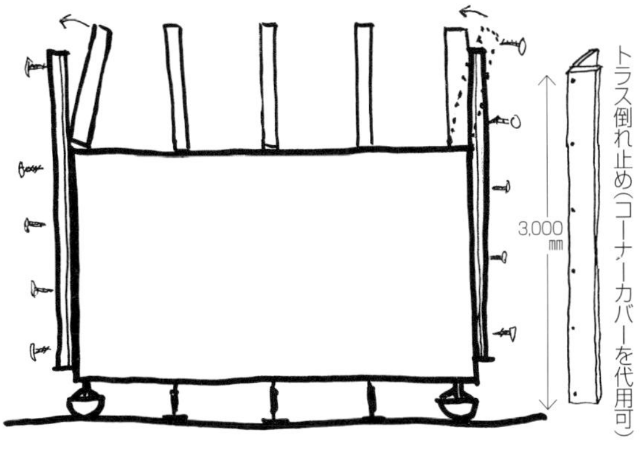

図50　トラス倒れ止めの取り付け

3- 野地板張り

まず、5本の垂木の木口に1枚目の野地板を組んだ鼻隠し板を設置し、下から棟に向けて野地板を垂木にのせて留めていきます。野地板は木裏を上にして、1カ所2本の75㎜コーススレッドビスで垂木に留めていきます。

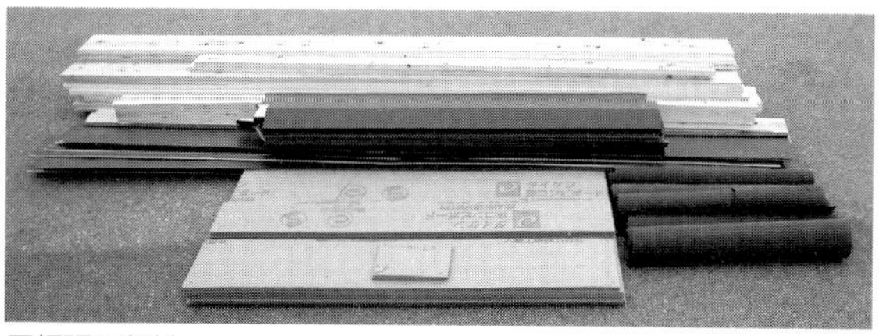

屋根張り部材
奥より野地板、金属屋根材、防音断熱材（前中）、巻いたルーフィング

①鼻隠し板を両端に設置

鼻隠し板に組んだ野地板を屋根トラスの両端の垂木の端部に合わせ、鼻隠し板を左右に間柱1枚の厚さ分（27㎜）を出して、5組の垂木の木口に90㎜ビスを1本ずつ打って仮留めします。

間柱の厚さ2枚分が出た側を屋根下側にして、鼻隠し板を左右端の垂木の縁から間柱1枚分（ポリカ押さえ板分）を左右に出して設置

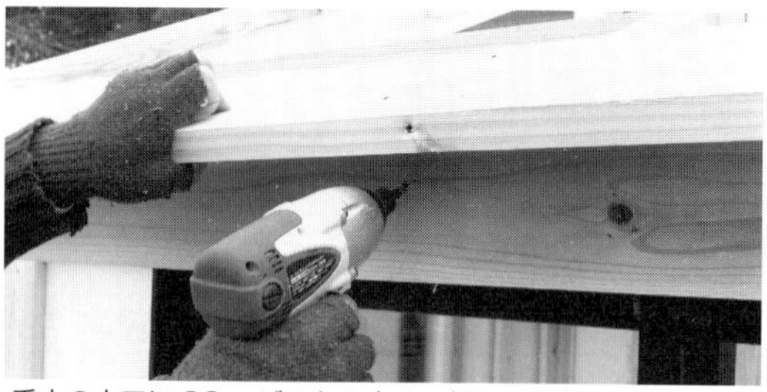

垂木の木口に90㎜ビスを1本ずつ打って仮留め

②屋根下から棟方向に順次、野地板を張る

屋根トラスはまだ固結されていません。まず脚立に上がって垂木の両サイドの下部から、210㎜幅の野地板を1枚ずつ張っていきます。野地板を張ることによって互いが固結し、数枚張れば屋根に登って張ることができるようになります。

野地板は木裏が上になるように置き、両端部を合わせ、各垂木の木端に75㎜ビスで留めていきます。野地板が乾燥材のときは、上下2本のビスで留めれば屋根組みはより堅固になります。しかしグリーン材を使う場合は、2本のビスで留めると板が乾燥して反ると割れてしまうので、まんなかをビス1本で留めます。

両サイドの下から野地板を垂木に張っていく

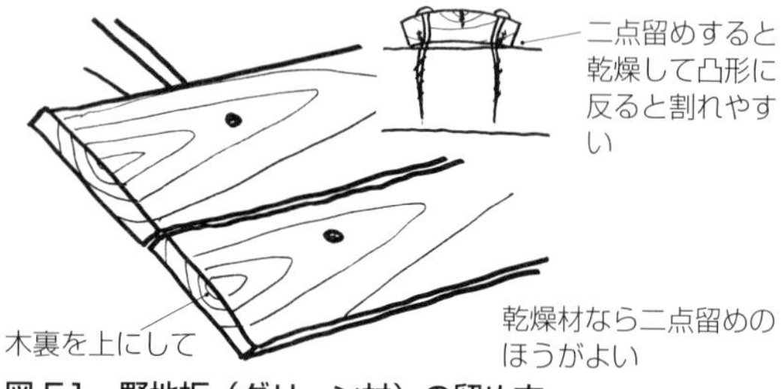
二点留めすると乾燥して凸形に反ると割れやすい
木裏を上にして
乾燥材なら二点留めのほうがよい

図51　野地板（グリーン材）の留め方

③棟部分で野地板を調整

最後の棟部分は150㎜幅の野地板を張ります。多少クリアランスをみているので少し間があく感じになります。すきまができてもその上に張る防音断熱材でふさがれるので心配ありません。棟部分で野地板がバッティングしてしまう場合は、当たる位置に印をしておろし、丸ノコ長物定規で幅を詰めます。

野地板張りの終了

4- 防音断熱材張り

防音断熱材も屋根の下から上に、右図のように配置して張り上げていきます。31 ㎜くらいまでのビスだと、天井となる野地板の裏にビスの先が出てきません。

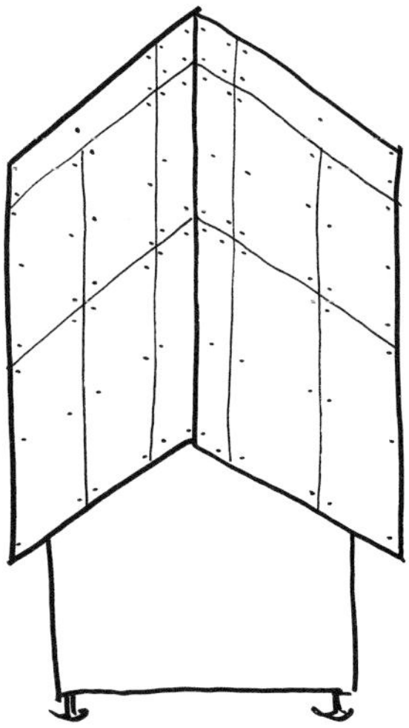

防音断熱材も下から張っていく

防音断熱材張りの終了

図 52　防音断熱材の割付とビス打ち位置

5- 捨て唐草張り

防音断熱材の上には雨漏りを防止するルーフィングを張りますが、その前に屋根の下端に“捨て唐草《からくさ》”と呼ばれる金属の板を取り付けます。ここは屋根の中で一番雨水が多く通る部分なので水切りをよくし、軒裏に雨水が回り込まないようにするためです。

捨て唐草を野地板の木口と断熱材の切り口を覆うようにのせ、屋根の上から31 ㎜のステンレスビスを600 ㎜間隔に打って留める

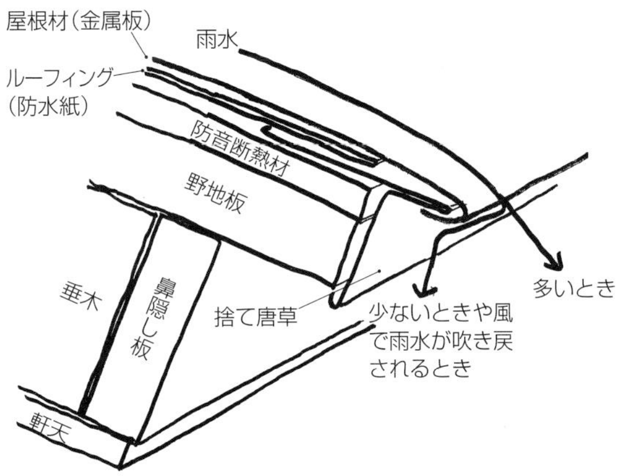

図 53　雨じまいを考えた屋根構造

6- ルーフィング張り

あらかじめ切っておいた幅約１ｍ長さ４ｍのルーフィング５枚を、右図のように屋根にのせ、タッカーで１ｍ間隔くらいに留めます。

最初は屋根の端の捨て唐草の上にのせ、次のものを上にルーフィングに書かれた重ね代分を重ねながら張り上げていきます。下から順に重ね合わせながら張り上げていくのは、雨じまい（雨水の侵入を防ぐ構造）を考えた屋根や壁の張り方の基本です。

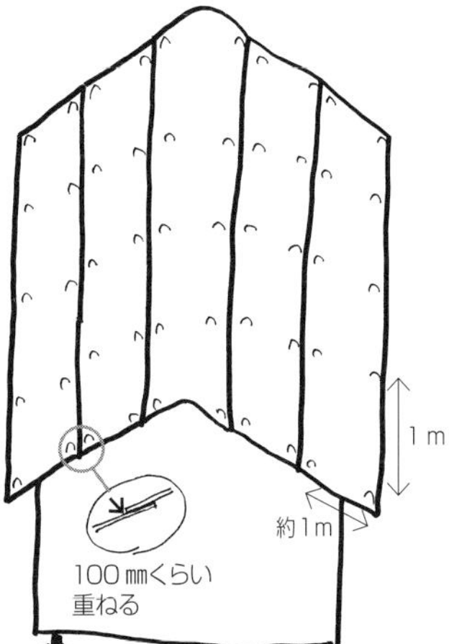

図 54　ルーフィングの張り方

❶

捨て唐草の上から張り始める

❷

ルーフィングの上に書かれている重ね代の線に合わせて重ね、その部分をタッカーで留めていく

❸

屋根の頂部はそれぞれの下から張り上げてきたルーフィングの上を覆うように張る

❹

これで一応、屋根の防水はできるので雨降りがきても大丈夫。屋根の金属屋根材を張る前に外壁を張り、しばらく置いて養生することもできる。その場合はルーフィングの端の部分を板で押さえるなど、風で飛ばされないようにしておく

7- 屋根材を張る（横葺き）

最上部にはる屋根材は、大部分の雨をスムーズに下に流す働きと、下の防水層であるルーフィングを保護する働きがあります。屋根材にはいろいろな種類がありますが、ここでは再利用がしやすく比較的葺くのが簡単な金属板の横葺き屋根材を使います（ジョイント柱ハウスではより安価な金属波トタン葺き）。屋根材を留めるビスも屋根材の再利用を考えてクギを使わずにステンレスのビスを使いました。

まず、けらばと呼ばれる屋根の妻側の両端部を“けらば水切り”と呼ばれる金物で覆ってから、金属板を屋根下から葺いていきます。最後に屋根の頂部（棟部分）には棟カバーを設置します。長い屋根材が折れやすいので、屋根の上に注意して運びます。いったん折れてしまうと、その部分が引っ掛けにはまりにくくなってしまいます。

①けらば水切りを設置

この水切りは、横から吹き込む雨を防ぐとともに、端部に回り込んできた水を下までスムーズに落とす役割があります。けらば水切りは、上から31㎜のステンレスビスを上・中・下と3本で切り妻側から野地板の木端に留めます。けらば水切りに打ったビスの部分は水が流れるところなので、シリコンコーキングを塗って止水しておきます。

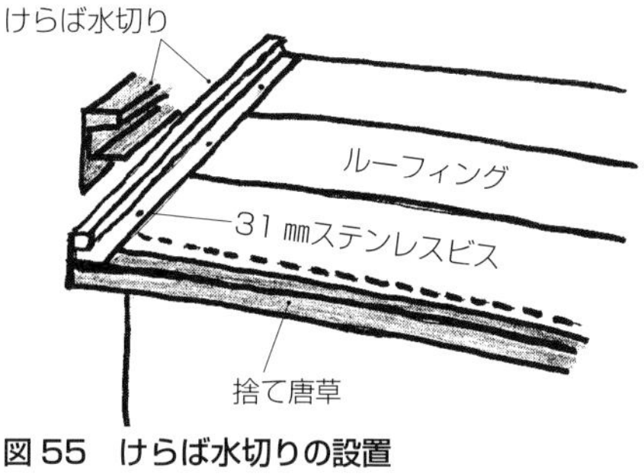

図 55　けらば水切りの設置

ビス頭部分にコーキングして止水する

❶

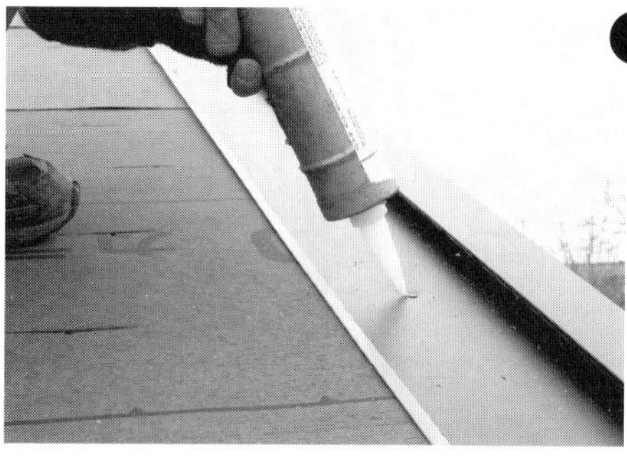

2

屋根材がはいりやすいよう、けらば水切りの先端を少し持ち上げて、屋根材を入れ、屋根材を捨て唐草の先に引っ掛ける。そしてけらば水切りの枠の中に屋根材を入れ込む

②最初は金属板を捨て唐草の先に引っ掛ける

金属板は下図のように下辺に下巻きの引っ掛け、上辺に上巻きの引っ掛けがついています。最初の金属板は、捨て唐草の先に引っ掛け、妻側端部は、けらば水切りの枠の中に入れます。

3

上辺の引っ掛け際にビスを打って留める

③ビスは上部の引っ掛けの際に打つ

きっちりはまったら、上辺の引っ掛けの上部を 31 ㎜のステンレスビスで、450 ㎜間隔に打って留めます。次の金属板の下辺の引っ掛けを掛けると、このビスが隠れて雨水に当たらなくなります。

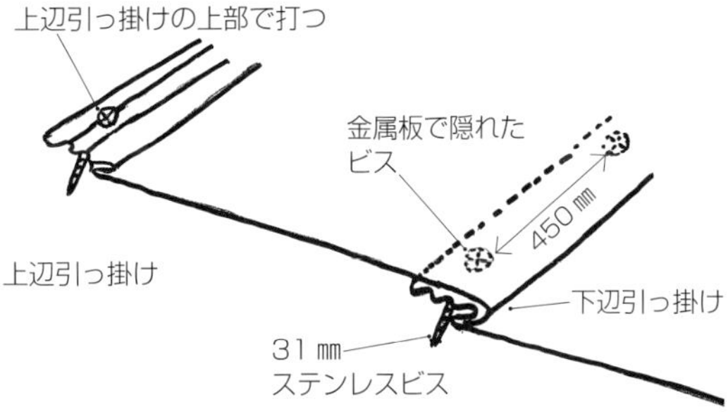

図 56　金属板屋根材の止め方

4

引っ掛け部に当て板をして金ヅチで軽くたたくか、ラバーハンマーで押し上げるようにたたいて入れていく
この作業は２人で両サイドで同時に行なうと早い

④次の金属板を引っ掛け部にきっちり引っ掛け葺く

次の金属板もけらば水切りに差し込み、両方の引っ掛けをきっちりはめ込み、同様に上辺の引っ掛け際にステンレスビス 31 ㎜を、450 ㎜間隔に打って留めます。

5

両サイドから葺いていくと棟部分が少しあく

間柱を切った棟カバー下地板を２組、棟の両サイドにカバーの幅をとって設置

棟カバー下地板に 51 ㎜コーススレッドビスを 450 ㎜間隔に打つ

⑤棟カバー下地板を設置

両サイドから金属板を葺き上げていくと、頂部に少しすきまがあきます。この棟部分に棟カバード地板（間柱 3,500 ㎜× 2 本）を設置します。棟カバーは間柱かそれより厚みのあるものを使います。金属屋根を留めるために横から木端にビスを打つと、薄板だと木端が割れてしまい時間が経つとはずれてしまうからです。

⑥金属棟カバーを設置

棟カバーを棟カバー下地にかぶせ、横からビスで留めます。カバーの端部は折り曲げて、けらば水切りを巻き込むように引っ掛けます。カバーと金属板の間にすきまができますが、雨の吹き上がりが多少入っても下のルーフィングで防水してあるので問題はありません。心配な方はカバーの下端をシリコンキングなどでふさぐと安心です。

棟カバーは両側面から棟カバー下地板の木端に、28㎜ステンレスビスを600㎜間隔に打つ。もう一方の棟カバーはまんなかでオーバーラップさせて同様に設置する

端部は折り曲げてありけらばの側に引っ掛ける

屋根のできあがり。棟上げ祭りを始めましょう

棟上げ祭り

建築を始める前にその土地の神様に工事の無事を祈る「地鎮祭《じちんさい》」とともに、家屋や大工の神様に無事に建った感謝と、この家が末永く災いがないよう祈る棟上《むねあ》げ祭りは、昔から家の新築には欠かせませんでした。上棟祭《じょうとうさい》とか建前《たてまえ》とも呼ばれています。

一般の家の場合、土台ができ部材ができると、隣近所や親戚が手伝って、柱立てから屋根の棟木が上がるまでを１日で行ないました。

棟上げが終わると、大工の棟梁が神様に祝詞をあげたあと、施主や家族、親戚が屋根や二階からお餅やお金などを、集まった人たちに投げます。大人も子どもも、われを忘れて夢中で拾います。

間柱パレットハウスには棟木がありませんが、屋根ができると家の風貌がはっきり感じられて嬉しくなります。手伝ってくれた方といっしょにいままでの労をねぎらい、ささやかな祝宴を開きましょう。

屋根ができればとりあえず雨はしのげるので、後の外装や内装はゆっくり仕上げればよいのです。むしろ少し休んで（養生して）、間柱などを乾かしてから外装・内装をしたほうがよいのです。

5 外壁・外回り・内壁のパーツつくりと設置

棟上げが終わったら、最後の工程、外装、内装です。それぞれいろいろ方法がありますが、ここでは外装は荒床板《あらゆかいた》の下見板《したみいた》ばり、内装は内装用羽目板《はめいた》を使います。

いずれも杉の無垢材《むくざい》なので、杉の香りが漂う、落ち着いた風情ある家になります。妻側には、中空ポリカ材を使って明かり取りの欄間を設置します。

1 外壁・外回り・内壁のパーツつくり　所要時間/1人で1日

材料および木取り図は下記の通りですが、外装の荒床板と内装の羽目板は、実際に設置する骨組みの寸法を確認して切ります。多少のゆがみやズレがあり、細部の修正が必要だからです。記述した寸法はあくまで目安としてください。

1-作業の手順と必要な材料・用具

●作業の手順と必要な材料・用具

①三角欄間パーツ（中空ポリカと押さえ板）の切断、水切りと庇（既製品）の用意。
②外装を取り付ける骨組みの原寸を確認し、外装の荒床板（外壁の下見板ばり用、軒天用）を切る。
③外壁コーナーカバー材を切る。
④内装を取り付ける骨組みの原寸を確認し、 内装用羽目板を切る。
⑤サッシ窓枠を切る。

［必要な材料］

・中空ポリカ板（910 × 1,820 ㎜） 2 枚
・荒床板（3,640 × 180 ㎜　厚み 15 ㎜）45 枚（予備 1 枚を含む）
・内装用羽目板（3,640 × 180 ㎜　厚み 12 ㎜）32 枚（予備 1 枚を含む）
・3 m間柱 8 本（外壁四角のカバー用）
・4 m間柱 8 本（サッシ窓枠・欄間押さえ用）
・角材（35 × 40 ㎜）2 m 6 本
・水切り（2.7 m）2 本（妻側梁桁カバー用）
・入口庇（既製品）1 個（勝手口上部に設置）

［必要な用具］

丸ノコ、丸ノコ定規、インパクトドライバー、金切りバサミ、メジャー、カッター

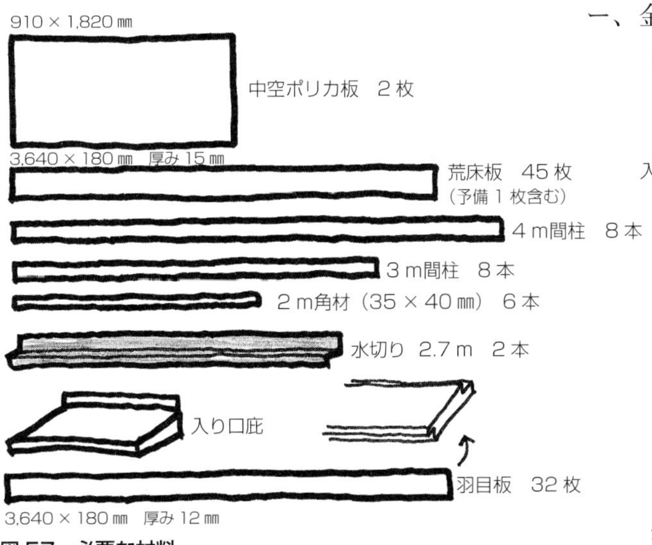

図 57　必要な材料

外装

2- 欄間パーツを切る

妻側には屋根トラスの三角形の壁ができますが、この部分に中空ポリカ材を使った明かり取りを設置します。ポリカーボネートは、プラスチックの中では紫外線に強く、十数年の耐用年数があります。内部が中空の構造になっているので断熱効果もあります。切り口をテープでふさぐと動かない空気層ができ、さらに断熱効果が高まります。カッターで簡単に切れます。

切ったポリカを固定する押さえ板（間柱材）と梁や壁パレットへの雨水の侵入を防ぐ水切り（金物）も切っておきます。押さえ板の斜め切りは、屋根トラスの切り方と同様です（74ページ参照）。

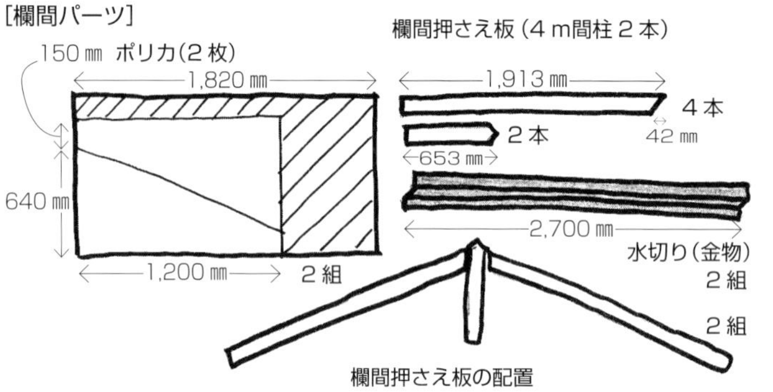

図58　ポリカ、間柱、水切りの寸法と切り取り図

ポリカーボネートの切り取り

3- 下見板張りする荒床板を切る

外壁の主な役割は屋根と同じく雨水や風の侵入防止、防風、中に張る透湿防水シートの保護です。下見板張りとは、図のように土台下縁から桁パレット上縁まで、下の板に上の板の下辺部を重ねて張っていく方法です。板と透湿防水シートとの間に空間ができ二重の壁となるため、雨水が浸入しにくく、また壁内は乾きやすいです。

右図のように下辺だけがビスで留められているので、板が伸縮しても割れることはありません。

外壁材は、本来は床の下地として使われる荒床板を使います。厚さが15㎜くらいなのでかなりしっかりしています。乾燥材があればよいですが、荒床板は一般にグリーン材です。

切る際には、実際に壁の寸法を測って確認します。問題は重なり幅を考慮した枚数の決定です。下部は土台が完全に隠れる位置から、上部は壁パレットが完全に見えなくなる高さまで、窓サッシの部分はサッシ枠の代が隠れサッシ枠にピッタリつく高さまでです。

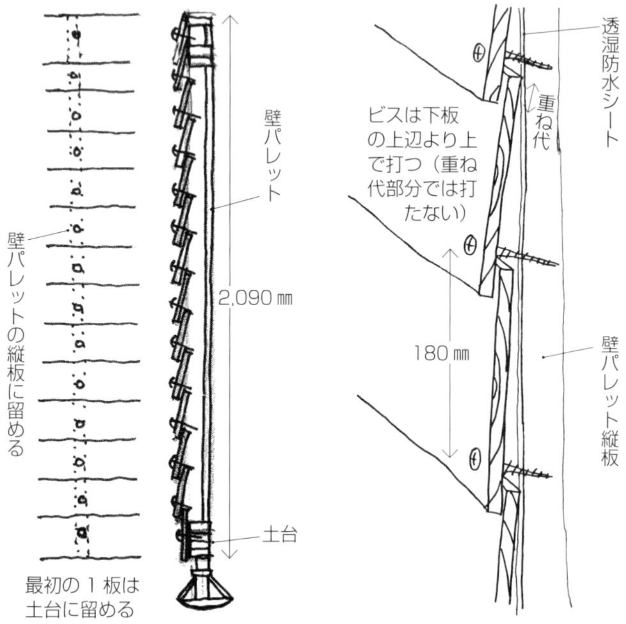

図59　下見板張り

重ね代の計算法

〈張る高さ－１枚の幅＝(必要な枚数－１)×(１枚の幅－重ね代)〉
〈重ね代＝１枚の幅－（張る高さ－１枚の幅）÷（必要な枚数－１)〉

土台から桁パレットまでの高さは 2,090 ㎜、荒床板の幅は 180 ㎜なので、枚数を 13 枚にすると 21 ㎜、14 枚とすると重ね代は 33 ㎜になります。ここでは少し余裕をみて、重ね代 33 ㎜で設計しました。

グリーン材の板は乾燥すると 8%ほど縮むため、重ね代は荒床板の幅（180 ㎜）の 10%以上は必要です。張る壁の高さにピッタリ合うように調整します。ピッタリ合わなかったときは、丸ノコ長物定規で切ればよいのですが、サッシ窓など開口部がある場合は「切り欠き（中途の幅を短く切り抜く）」ができてしまうので面倒です。

この計算は少々やっかいですが、最上部の板は重ね代がないので、上記の計算式で重ね代と枚数を求めます。なお、平側の屋根の庇の裏側の軒天にも、この荒床板を張りますが、この場合は雨を下に落す重ね代は特に必要ありません。

荒床板の長さは２間（3,640 ㎜）ですが、これよりもやや長いものが多く、また、四隅はコーナーカバーで隠されるので、多少短くてもかまいません。

右上図は木取り図の例ですが、設置しながら原寸に当たって切っていくと間違いがありません。

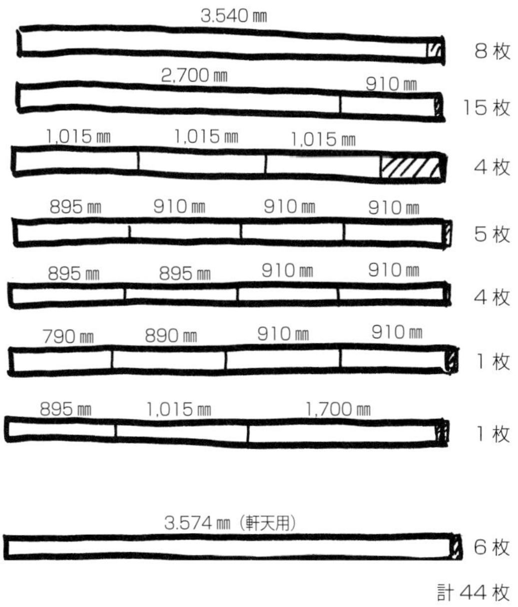

図 60　外壁材（荒床板２間材約 3,640 ㎜）の木取り図

カットした外壁材

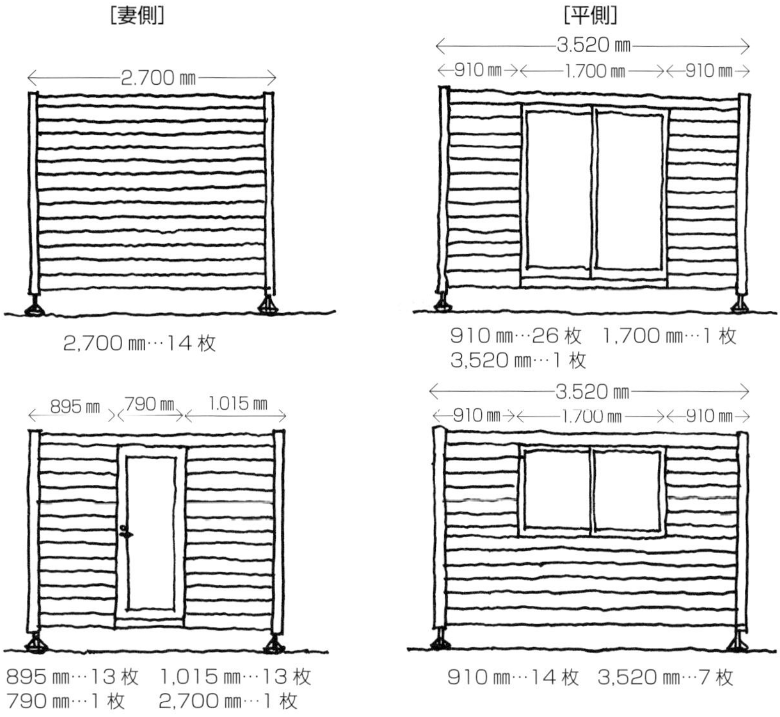

図 61　外壁立面図

4- 外壁コーナーカバーを組む

外壁材を設置すると、外壁の四隅には平側と妻側の外壁材の木口があらわになります。雨の侵入を防ぐとともに見栄えをよくするため、間柱をＬ字に組んだ外壁コーナーカバーをつくります。妻側カバーは欄間押さえ板もカバーするため、4寸勾配で切ります。

右図の寸法は参考で、実際には基礎金物もできるだけカバーしたいので、実寸を確かめて切ります（96ページの写真参照）。

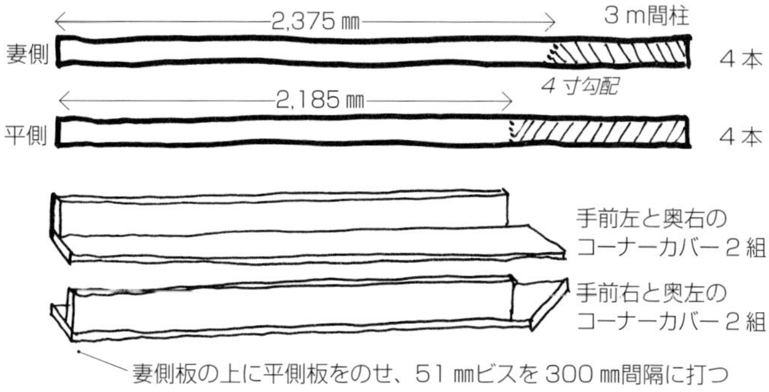

図63　コーナーカバー

5- 内壁材の羽目板を切る

内壁材は雨水が当たらないので、下見張りする必要はなく、また外壁ほどの厚みは必要ありません。ここでは左右の縁に上下のあいじゃくりがつけられた羽目板（3.6ｍ、幅180㎜、厚さ12㎜）を使います。

重ね代がほとんどないので下見板張りのようには高さの調節ができません。一番頂部の板や窓の上下の板が半端な幅になるので、作業台にビス留めして丸ノコ長物定規で注意して切ります。板の長さはアソビを6㎜みて実寸よりも6㎜短くします。壁パレットの四隅の内壁材の留め代が下図のようにあるので、平側から張っていきます。

妻側の長さは、羽目板2枚分の厚さの長さだけ、張る前の実寸よりも短くなります。

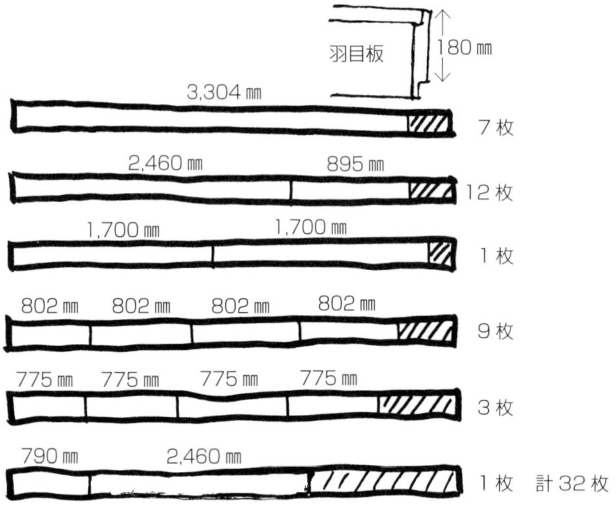

図64　内壁材（羽目板3.6ｍ幅180㎜）の木取り図

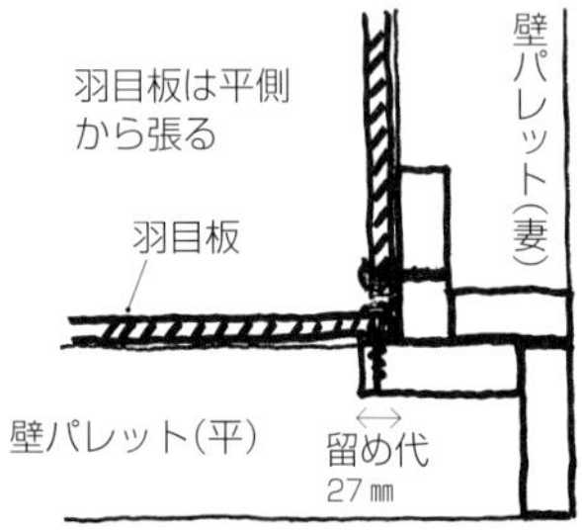

図62　内壁材は平側から張る

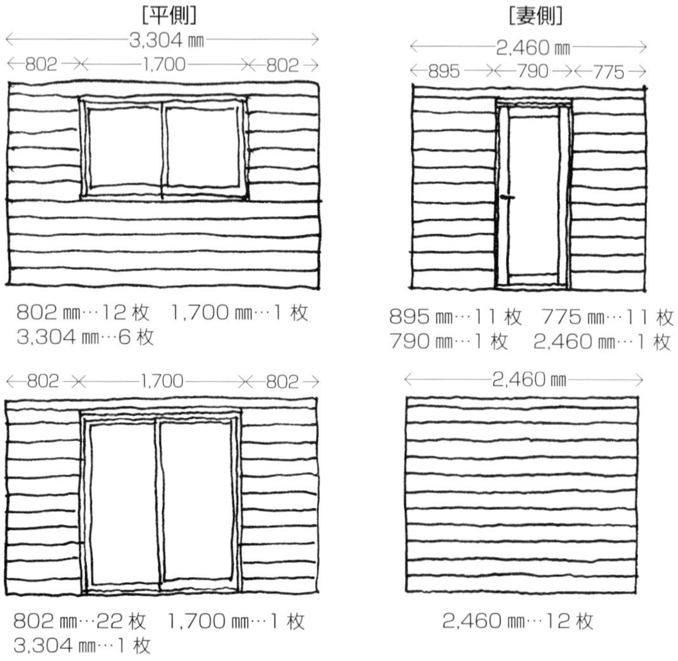

図65　内壁立面図

6- 窓内枠材と添え木を切る

窓サッシ部分の内装材の木口（左右）、木端（上下）を隠すために、窓枠に内側から間柱材を寸法に合わせて切り、窓枠材をつくります。掃き出し窓と勝手口の下枠は、40㎜の高さがあるので、間柱（厚さ27㎜）内壁板（厚さ12㎜の羽目板）を重ねてつくります。いずれもアソビを左右・上下に4㎜とります（実寸よりも4㎜短くする）。窓枠は狂いが生じやすいので、下図寸法を参考にして実寸を確かめて切ります。

また、次ページの図70のように、外の壁パレットの縦枠がサッシ枠の留め代でカバーされてしまうので、このままでは外壁材や透防水シートを張る留め代がほとんどありません。そこで壁パレットの縦枠に添え木板を設置して、外壁材や透防水シートを留める下地をつくります。

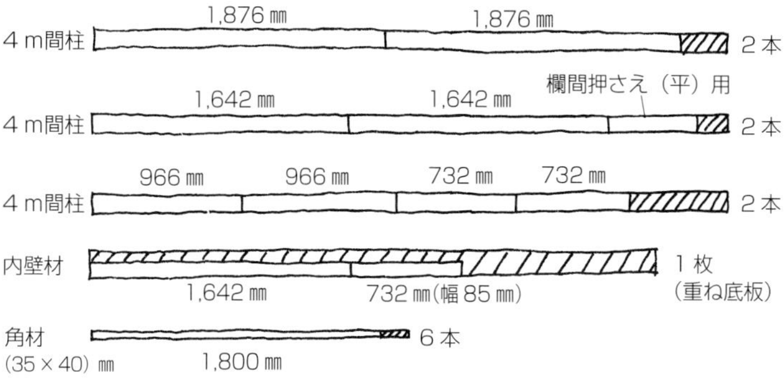

内壁を張り終わったら、窓内枠板を打ちつけて壁パレットや羽目板の木口を隠す

図66　窓枠材と添え木の木取り図

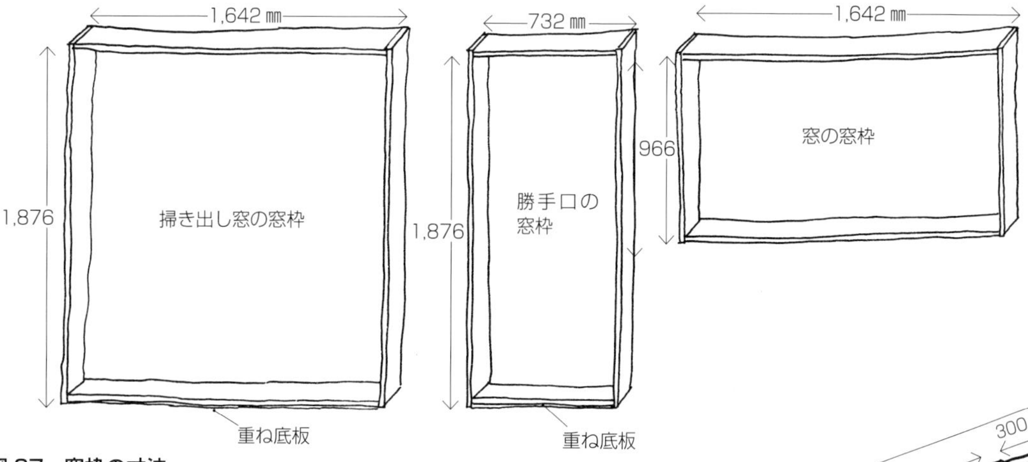

図67　窓枠の寸法

7- 雨樋を切る

雨樋は右図のような市販のものを用意します。片側に位置を確かめて集水器を取り付けます。雨樋は、捨て唐草を伝わって落ちる水㋑も勢いの強い水㋺も受ける位置に樋もちの長さを調整して設置します。排水の悪い場所では、縦樋の下に排水枡を設置し、塩ビ管などで排水溝につなげておきます。

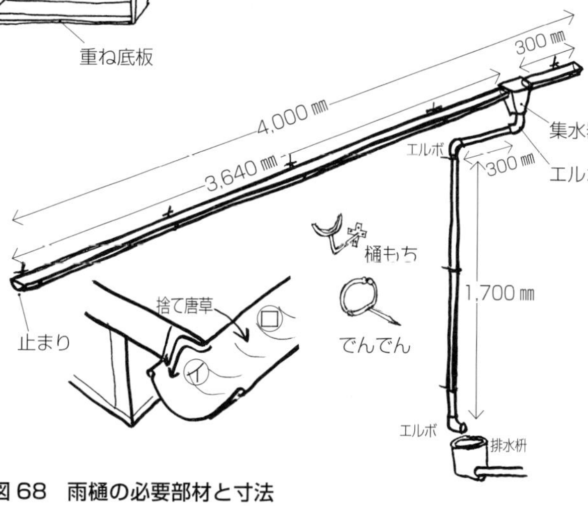

図68　雨樋の必要部材と寸法

2 外壁・外回り・内壁の設置　所要時間 /2 人で 2 時間

いよいよ最後の工程です。外壁と内壁を張れば、パレットハウスに命が宿ったように杉の香りが漂ってきて、周囲の風景に溶け込みます。2 人で 2 時間くらいの作業ですが、簡単なビス打ち作業がほとんどなので、利用する仲間や子どもを含めた家族全員で最後の仕上げをしましょう。

1- 作業手順と必要なパーツ・用具

●作業の手順

①窓サッシ枠に添木の設置
②透湿防水シートを張る
③外壁に荒床板を下見板張り
④入り口庇、水切り、欄間の設置
⑤軒天の設置
⑥外壁コーナーカバーの設置
⑦雨樋の設置
⑧内壁張り
⑩窓枠の設置

[必要材料]

荒床板　幅 180 ㎜　15 ㎜厚（寸法は参考、現物に必ずあたること）
　3,574 ㎜ 6 枚　3,520 ㎜ 8 枚　2,700 ㎜ 15 枚
　1,015 ㎜ 13 枚
　910 ㎜ 40 枚　895 ㎜ 13 枚　790 ㎜ 1 枚
　1,700 ㎜ 1 枚
内装用羽目板　幅 180m　12 ㎜厚（寸法は参考、現物に必ずあたること）
　3,304 ㎜ 7 枚　2,460 ㎜ 13 枚　1,700 ㎜ 2 枚
　895 ㎜ 12 枚　802 ㎜ 36 枚
　790 ㎜ 1 枚　775 ㎜ 3 枚
透湿防水シート　1 巻（幅 1,000 ㎜、1 巻 50 m）
通気止テープ
中空ポリカパーツ　4 枚
添え木 1,800 ㎜　6 本
欄間押さえパーツ 2 組、窓内枠パーツ
水切り　2 本
入り口庇　1 個
ビス（51 ㎜）シリコンシール
雨樋　3 間　2 本　　縦樋　2 m　2 本
エルボ　4 個　　集水枡 2 個
でんでん 4 個　　止まり 4 個
樋もち 10 個

[必要道具]

インパクトドライバー 2 個　　メジャー
外壁張り用の治具　　タッカー
カッター　　シールガン
樋切り用のノコギリ　　脚立 2 つ

2- 窓枠に添木を止める

サッシの枠が設置された壁パレットの縦枠に（掃き出し窓、勝手口、窓）に、外壁材やシートが留めやすいように添え木を内側に入れ、51 ㎜ビスを内側から上・中・下に打って留めます。この添え木にビスを打って外壁材を留めます。

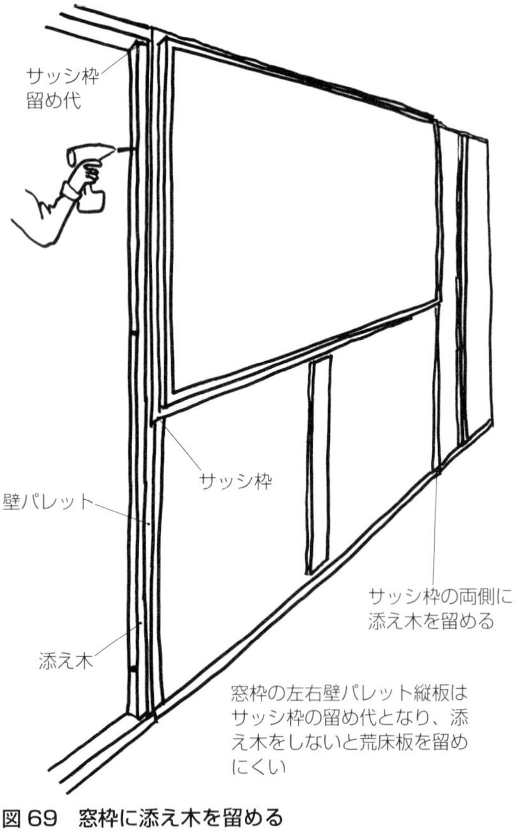

図 69　窓枠に添え木を留める

3- 透湿防水シートを張る

透湿防水シートは、雨水の侵入とすきま風を防ぐ役割を果たしますが、ルーフィングと違い、湿気が壁内部にこもらないよう、湿気は透すシートです。外壁を張る部分すべてと、軒天をすべて覆うように張っていきます。

外壁に透湿防水シートを土台の下辺から張り上げていきます。巻かれた透湿防水シートを窓枠の部分からスタートし、外壁コーナーを巻き込み、次の窓枠部分まで一気に張ります。少し大きめのホッチキスのようなタッカーを使い、所どころを留めます。シートは外壁材で押さえられるので、作業中に風で飛ばされない程度に留めるだけでかまいません。骨組みに両面テープを貼って固定することもできます(ただし解体して移設するときなどにこのシートの再利用が不可能)。

透湿防水シートは２人で張っていくとらくです。１人が巻いてあるシートを建物に巻き付けていき、もう１人がタッカーで留めたり窓の開口部を切り抜いたりします。

軒天の部分は、屋根トラスの垂木の間を渡すように透湿防水シート張って覆います。上を向いて行なう作業となるので、あらかじめ寸法に合わせて切って張るとらくです。

透湿防風シートを、土台下から桁パレット上まで、ぐるりと張っていく

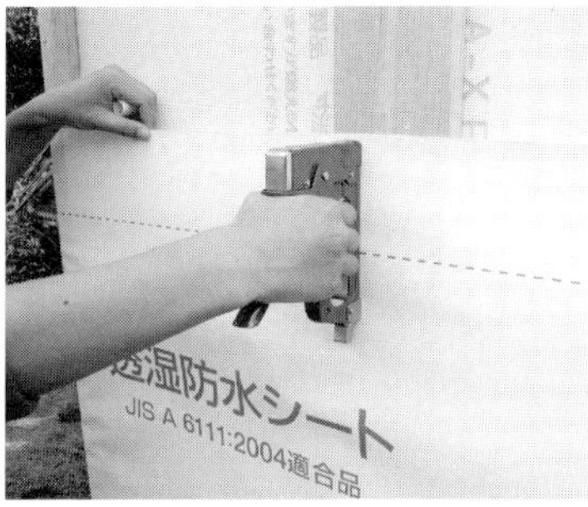

タッカーで風に吹き飛ばされない程度に留めていく

屋根トラスの垂木が出ている軒の天井も垂木を覆い隠すように張る（軒天分はあらかじめ切っておくとよい）

4- 外壁の下見板張り

外壁は下から、屋根の野地板と同じように木裏を表にして張り上げていきます。

最初に張る外壁板は、土台を隠すようにします。最初の板は75㎜コーススレッドビスを壁パレットの縦板間隔に打って留めます。

２枚目からは、重ね代を正確に均一にするため、右写真のような下見板張り定規を使い、設置した下の荒床板の下縁にあてがい、そこに次の荒床板を木裏を表にしてのせて、75㎜コーススレッドビスで打って留めていきます。

土台の下縁から、土台を隠すように張っていく

２枚目からは下見板張り治具を留めた板にあてがい、その上に次の板をのせ、重ね代の上部にビスを打って留めていく

下見板張り定規は図のように、荒床板の幅（180 ㎜）から重ね代を引いた長さの位置に、荒床板の厚さの板をビスで打ち付けます（重ね代が変わるごとにずらして留める）。この下見板張り定規を留めた荒床板の下辺縁に当て、次の板を定規の上縁にのせて、その上の重ね代の上部にビスを打ちます。このとき、あまり強くビスを打ち付けると板が割れてしまうので、ちょっと手加減が必要です。長い板は左右2人で行なうとやりやすいです。

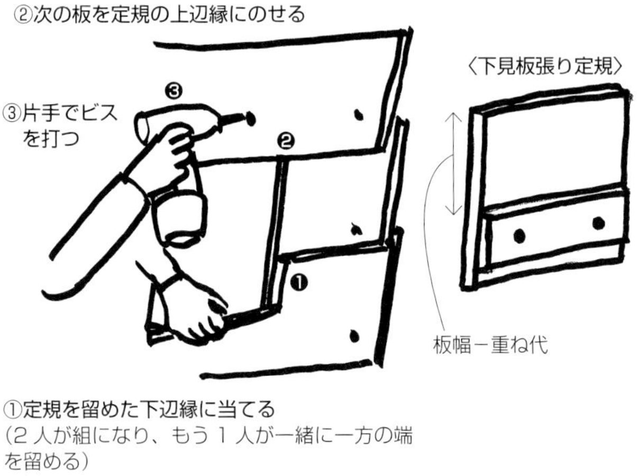
②次の板を定規の上辺縁にのせる
〈下見板張り定規〉
❸
③片手でビスを打つ
❷
❶
板幅－重ね代
①定規を留めた下辺縁に当てる
（2人が組になり、もう1人が一緒に一方の端を留める）

図70　下見板張り

両端を留めれば中央部は慣れれば子どもにも打てる

重ね代の計算をして設置すれば、窓サッシ下や桁パレット上縁に半端やすきまが出ずピッタリとおさまる

5- 庇、水切り、欄間の設置

妻側の三角トラス部分には以下の手順で、欄間と水切り、さらに勝手口部分には庇を設置します（庇はあえて取り付けなくてもよい）。

❶

庇を取り付ける
庇を取り付ける部分は下見板張りをせず、庇を「庇下地板」、あるいは屋根トラスの梁に取り付ける

❷

水切りを設置
金属板の水切りを、下見板張りした荒床板にかぶせるようにのせ、屋根トラスの梁にステンレス28 ㎜ビスを600 ㎜間隔に打って留める

3

ポリカパーツを設置
水切りの上にポリカパーツをトラスのすきまをふさぐようにのせて、ステンレス31㎜ビスで数カ所を軽く仮留めする（強く打つとポリカがつぶれる）

4

ポリカの外周をシリコンシールでふさぐ
台風などでも雨が侵入しないよう、ポリカの外周をシールガンでシリコンシールを塗って固定する

5

欄間押さえを設置
最後に欄間押さえを、力骨、左右の垂木の順に設置し、51㎜コーススレッドビスを600㎜間隔に打って留める

6

勝手口側の欄間の完成
もう一方の妻側も同様に欄間を設置する

6- 軒天を張る

平側の外壁は桁パレットまでは下見板張りが容易ですが、面戸と小屋トラスのでっぱりやすきま部分をふさぐことが大変です。そこで前述のように屋根トラスの梁に透湿防水シートを覆い、荒床板を張って家内部と仕切るラインにします。

軒天は下見板張りの必要はないのですきまができないように、180㎜幅の荒床板2枚と丸ノコで140㎜幅に切った荒床板1枚を、木裏を表にしてくっつけ51㎜ビスを垂木ごとに1本ずつ打って留めます。上向きの作業ですので、留めるときは2人は最低必要です。

透湿防水シートを張った軒天に、荒床板を木裏を表に、51㎜コーススレッドビスを垂木に打って留める

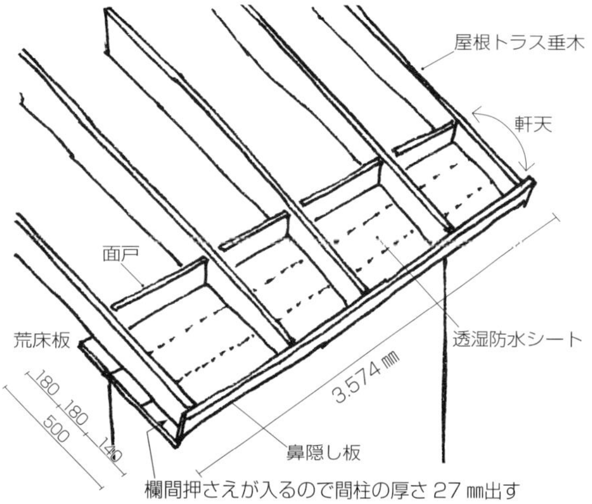

図71　軒天張り

7- コーナーカバーの取り付け

外壁を張り終えると、外壁の四隅は下見板張りの木口が出ています。風雨が入らないよう、また見栄えをよくするためにＬ字のコーナーカバーを基礎金物が隠れる位置から桁パレット上辺までかぶせて、75㎜のコーススレッドビスを上・中・下と６本打って留めます。

これで外壁は完成です。

コーナーカバーパーツ。斜め切りした長い側を妻側に設置

コーナーカバー設置前の外壁角

斜め切りの先を屋根裏に押し付けて、75㎜コーススレッドビスで、両面を上・中・下で留める

設置後

8- 雨樋の設置

平側の鼻隠し板に雨樋を設置します。雨樋が短いので実際に雨樋を当ててみて水平規を使い適当な勾配をつけ、両端の樋受けを取り付ける位置に印をつけます。

まず両端に樋受けをつけて、間の樋受けをつけていきます。雨が激しいときと弱いときでは水の落ち方が違うので、できるだけどちらの水も樋に入るよう、樋受けの長さを調整します。

次に集水枡を取り付け、エルボを取り付け、縦樋をつなぎ、縦樋つかみ金具をコーナーカバーに打って固定します。管をつなぐ際には接着剤をつけてつなぎます。

雨樋の勾配、屋根先から距離を考えて樋受けを設置する

排水が悪い場合は、縦樋の下に排水枡を埋め、配水路と塩ビ管でつなげておく

9- 内壁の設置

最後の工程となる、羽目板の内壁設置です。羽目板のパーツは寸法の種類が多いので間違わないように張っていきます。肌に触れる内装は、木裏を表にするとササクレが出やすいので、木表を室内側に向けるほうが望ましいです。ただし、木の反り具合など、木の状況により判断します。

最初に留め代の狭い平側の隅に羽目板が入るように、平側の下から張っていきます。右下図のように木表を表にし、板を押さえるあいじゃくり側を下にして、下の板を押さえるように、51㎜のコーススレッドビスで壁パレットの縦枠ごとに、1本ずつ打って留めていきます。

桁パレット上縁や窓の開口部で羽目板がピタリとおさまらないときは、丸ノコ定規で羽目板幅を調整します。

平側が終わったら、同様に妻側を張っていきます。

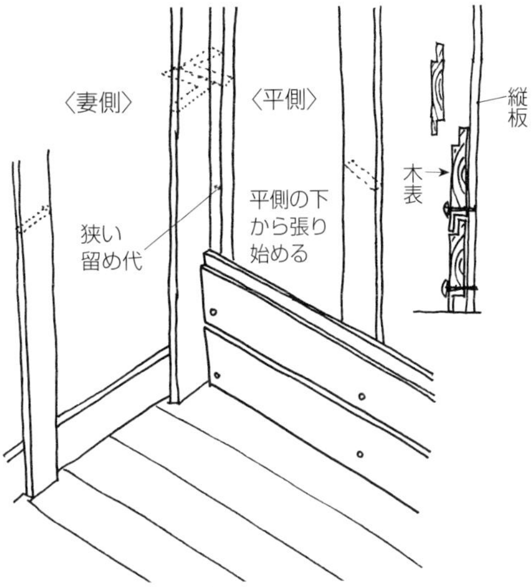

図 72　羽目板の張り方

内壁設置前の室内

平側の隅、下から張り始める

羽目板の裏突起を上にしてはめ込み、縦板部分にビスを打って留めていく

窓サッシ側の平側も寸法に合わせて張っていく

妻側も同様に張り上げていく

10- 窓枠の設置

羽目板を張り終わったら、窓や勝手口、掃き出し窓に窓枠を設置します。窓枠の厚さ分室内側に出ますが、壁パレット枠や羽目板木口が隠れすっきりします。これで完成！

まず両側の縦の窓枠を入れ、51 ㎜コーススレッドビスを上・中・下に打って留め、次に上下の横枠をはめ込み、同様に留める

窓枠を設置した窓

11- 完成祝い

完成後、工事関係者に感謝する竣工式もセルフビルドで祝いましょう。

もう、一人前のカーペンター気分で、杉の香りをぷんぷん吸って、明日からの楽しい小屋暮らしに夢はずませましょう。

欄間から柔らかな光が差し込みます

勝手口には余った部材で踏み段を設置。掃き出し窓の先にはウッドデッキ

パッタン馬を台にして、さっそく祝杯

PART 3
らくらく、ジョイント柱ハウス

（撮影地● A & K ホーム建材（株）北関東営業所）

1 ジョイント柱ハウスの特徴と準備

1 ほぞ・ほぞ溝無用、三面ジョイント金具でつなぐ柱組工法

間柱パレットハウスは、柱を使わずに間柱でつくった強固な木枠で家を支える工法(枠組工法)ですが、ジョイント柱ハウス工法は、在来の家と同じく柱で家を支える工法（軸組工法）です。柱材で土台、柱、梁、桁などをがっちり組んでつくります。しかし、柱と柱をつなぐには、ノミなどで精密なほぞとほぞ溝をつくらなければなりません。これは長年の修行なしには困難です(最近はプレカット工場で機械加工していますが)。

私は、縦・横・上下と互いに直角で交差する３本の柱を、ほぞ・ほぞ溝をつくらずに、金物のみで簡単に、堅固に接合できないかと考えました。その発想から開発したものが、写真にある三面ジョイント金具です。

柱材はすべて105㎜の杉柱を使い、写真のように横、縦、上下方向の柱を、上と下から中心角に穴がある三面ジョイント金具を当てコーチボルトで固定し、さらに、この穴にボルトを入れてナットで締めると３つの柱材が強固に接合します。ほぞ・ほぞ溝でつなぐ在来工法は加工の精度が悪いとそこが欠点になりがちです。この工法ならその加工が無用で、スパナーとレンチだけで簡単に柱材を剛く組むことができます。また、解体・移築も容易です。

三面ジョイント金具(１辺100㎜)

柱と土台に三面ジョイント金具を当て、コーチボルトで固定

柱・土台に土台（平）をのせて三面ジョイント金具で固定

三面の中心角にボルトを通す穴がある

２つの三面金具をボルトで締めて柱・土台（妻・平）を接合

２つの金具を締めるボルトとナット

2 ジョイント柱ハウスの構造と工程

柱で支えるので、間柱パレット工法のように強固な壁パレットや桁パレットは必要ありません。その分簡単で作業時間も少なくなります。部材も少なくなるので経費も少なくなります。柱を組む作業には3人必要ですが、部材、パーツができていれば3人で2日くらいあれば完成します。部材つくり、パーツつくりは2人で6～7日かかります。

工程は、土台組み→柱立て→桁組み→床盤設置→間柱フレームの設置→屋根葺き→外壁・内壁張りという手順です。床盤と屋根組みはまったく同じ構造です。

ここでは、土台の長さが平側3 m、妻側2.7 m（前述パレットハウスより平側の長さが短い）のジョイント柱ハウスを例にして紹介します。平側の土台と桁にもっと長い柱材を使えば、もっと大きな家になります。

1

パッタン馬の上で土台を水平直角にして三面ジョイント金具で組む

2

柱を垂直に立て三面ジョイント金具に固定する

3

桁柱をのせて三面ジョイント金具で固定する

4

根太を取り付け、床を張る

5

外・内装材の下地となる間柱フレームを壁に取り付ける

6

屋根トラスをのせる

7

屋根材を葺く

8

外壁を張る

9

内壁を張り完成

完成したジョイント柱ハウス
柱は外壁、内壁で覆われる

[ジョイント柱ハウスの構造]

3 必要な道具

- 土地をならす道具
- インパクトドライバー
- 丸ノコ・スパナ&レンチ
- ノコギリヤスリ
- 水平規3個
- メジャー2個
- サシガネ
- 鉛筆&マジック
- パッタン馬（小） 4つ
- 脚立2つ

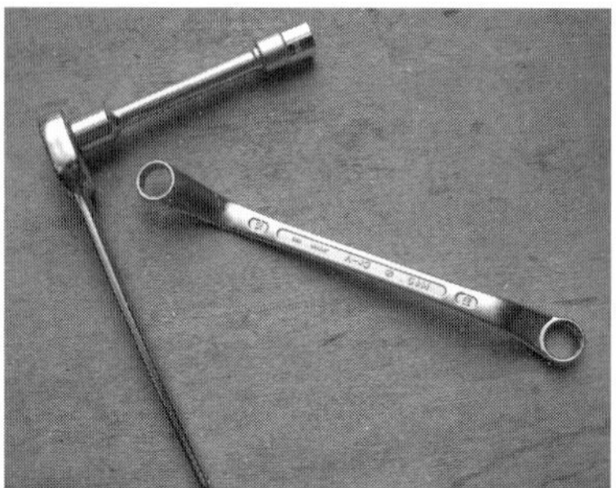

三面ジョイント金具のボルトを締めるラチェットレンチとメガネレンチ（ボルト・ナットM 12を使用）

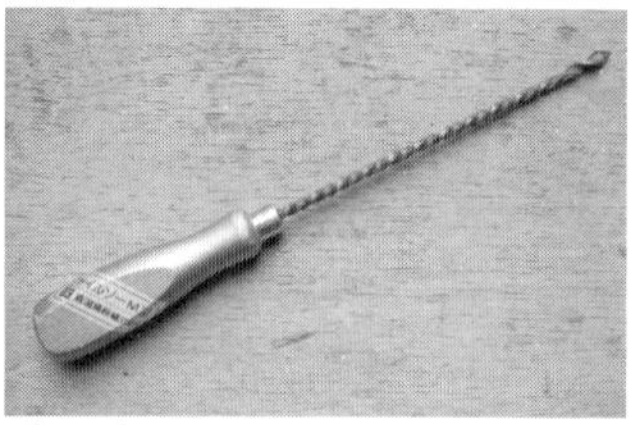

ボルト穴を滑らかにするノコギリヤスリ(あえてなくとも可)

4 必要な材料

ジョイント柱ハウスに必要な材料　　（H：高さ×W：幅　単位㎜）

	材　　料　（幅×厚さ）	数　量	目安単価	用　　途
材　木	3ｍ柱材（105角）ND材	12本	1200円／本	土台、柱、梁、桁
	3ｍ間柱材（105×27）ND材　（またはKD）	75本	550円／本	壁パネルト、屋根トラス、根太ほか
	4ｍ間柱材（105×27）ND材（またはKD）	17本	750円／本	壁パネルト、屋根トラス、根太ほか
	3.6ｍﾌﾛｰﾘﾝｸﾞ材　（150×30）ほんざね	16枚	1500円／枚	床
	4ｍ破風板（210×24）ND材（またはグリーン材）	18枚	1100円／枚	屋根
	4ｍ破風板（150×24）ND材（またはグリーン材）	2枚	900円／枚	屋根
	3.6m外壁材・荒床板（180×15）	48枚	600枚／枚	外壁
	3.6m内壁材・羽目板（180×12）あいじゃくり	34枚	500円／枚	内壁
	2ｍ壁留め補助材（35×40）	4本	300／本	壁
	3ｍ角材（24×24）	5本	400円／本	床断熱材留め
副資材	三面ジョイント金具セット（ボルト、ナット、コーチボルト付き）	8セット	5000円／セット	土台、梁、桁の接合　○
	二面ジョイント金具（コーチボルト付き）	4個	1500／個	梁の仮留め　○
	基礎金物（コーチボルト付き）	4個	8700円／個	基礎　○
	鋼製束金物（H=500）（コーチボルト付き）	8個	800円／個	基礎　○
	窓サッシ；呼称H 09 W 165（970×790）　ビス付き	2個	15300円／個	窓
	勝手口ドア；呼称H 18 W 074（H1830×W780）　蝶番、ビス付き	1個	19000円／個	勝手口
	断熱材ミラフォーム　1820×910×25	15枚	700円／枚	床、壁
	透湿防水シート50ｍ	1巻	3500円／巻	壁、屋根
	水切り（欄間用）2.7ｍ	2本	2500円／本	欄間
	中空ポリカ（欄間用）1820×910×6	2枚	10000円／枚	欄間　○
	防音断熱材（シージングボード）　1820×910×9	9枚	700円／枚	屋根
	ルーフィング（ゴムアスファルト）	1巻	4000円／巻	屋根
	屋根材　波板トタン2100	12枚	1100円／枚	屋根
	棟カバー（棟包）2ｍ	2個	6000円／本	屋根
	雨樋　軒樋　3.6m	2本	1100円／ｍ	雨樋
	縦樋　1.8ｍ	2本	1000円／ｍ	雨樋
	エルボ	4個	215円／個	雨樋
	軒つなぎ	2個	100円／個	雨樋
	集水器	2個	700円／個	雨樋
	とまり	4個	100円／個	雨樋
	樋もち	8個	100円／個	雨樋
	でんでん	4個	150円／個	雨樋
	シリコンシール	1個	300円／個	欄間など
	通気止めテープ	2巻	400円／巻	床、壁
	L字アングル（80×80、奥行60）	26個	50円／個	根太止め　トラス止め
	コーススレッドビス　90㎜	1箱	500円／箱	
	51㎜	1箱	500円／箱	
	28㎜	1箱	500円／箱	

＊グリーン材：未乾燥材　＊ND：自然乾燥材　＊KD：機械乾燥材　○印のものは下記A＆Kホーム建材（株）より入手

ジョイント柱ハウスの全部材

左から　二面ジョイント金具（仮留め用）、三面ジョイント金具、ボルト、鋼製束金物、基礎金物

三面ジョイント金具セット（特許出願中）、**二面ジョイント金具、基礎金物の入手先**

A＆Kホーム建材株式会社　北関東営業所
〒322-0046　栃木県鹿沼市樅山町524
北関東営業所　電話 0289-60-0503　Fax 0289-65-3011
http://www.homekenzai.com/

2 土台・柱・桁・梁を組む

1 材料を切る

105 ㎜角・長さ 3 mの角材は、軽い乾燥材にします。図のように土台 4 本（妻 2 本、平 2 本）、柱 4 本、梁 2 本、桁 2 本、計 12 本必要です。

まず、それぞれ同じ寸法のものを端をそろえて並べて、サシガネで隣り合った 4 面に鉛筆で切り取り線を引きます。

次に 1 本ずつ、丸ノコで切り落とします。丸ノコの刃は径 16 ㎝と 19 ㎝とがありますが、19 ㎝の刃を使い、丸ノコ定規を当て上部を切った後、ひっくり返して切り落とします。切ってから柱部材には下図のようにジョイント金具設置位置をスミツケしておきます。

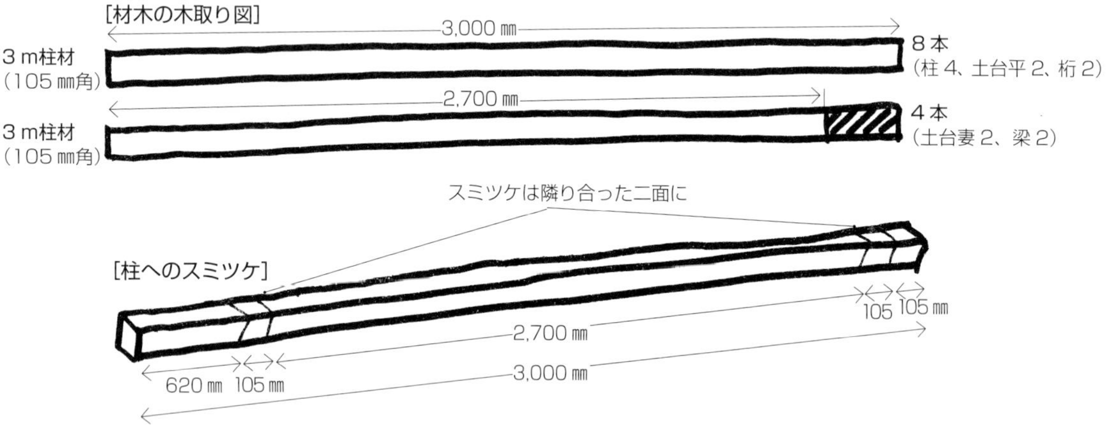

図 1　材料の木取り図とスミツケ

4 本の角材をパッタン馬にのせ端をそろえる

サシガネを当て鉛筆で切断面は四面、ジョイント金具設置位置は隣り合った二面に引く

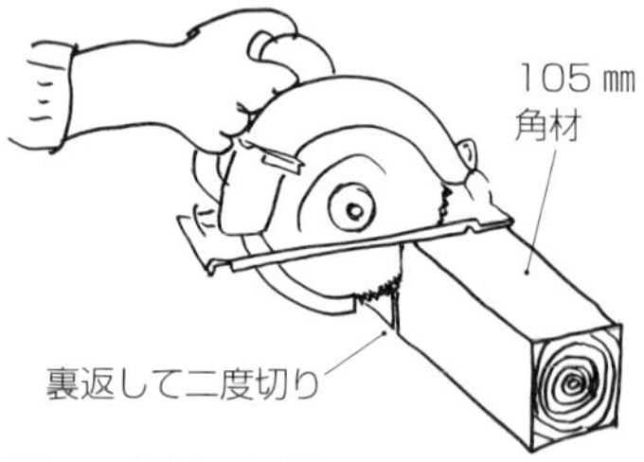

図 2　柱材の切断

2 柱部材へ基礎金物とジョイント金具を取り付け

1- 基礎金物の取り付け

4 本の柱部材に、基礎金物を取り付けます。基礎金物のＬ字二面をスミツケした面に当て、60 ㎜のコーチボルトを留め穴に打って固定します。

基礎金物の取り付け

2- 三面ジョイント金具、二面ジョイント金具の設置

土台を接合する三面ジョイント金具は、土台をパッタン馬の上で組む際に取り付けますが、梁・桁と柱を接合する三面ジョイント金具の下と、桁をのせて仮留めする二面ジョイント金具はあらかじめ柱部材に取り付けておきます。梁・桁の上の三面ジョイント金具は、柱・梁・桁の設置時に取り付けます（あらかじめ取り付けると梁が設置困難）。

右図のように、梁も桁も柱の内側に梁を下にして取り付けます。ジョイント金具は三面が柱面、梁面、桁面に接合するよう取り付けます。また、外壁が柱にビスで留められるよう、基礎金物はL字面が内側になるように取り付けます。ジョイント金具もその基礎金具のL字面を取り付けた2面に取り付けます。下図のように梁・桁の向きから、2つの取り付けパターンがあるので注意してください。

柱に梁のせる二面ジョイント金具と、桁をのせる三面ジョイント金具（下）を柱を当てて面をそろえコーチボルトで取り付ける

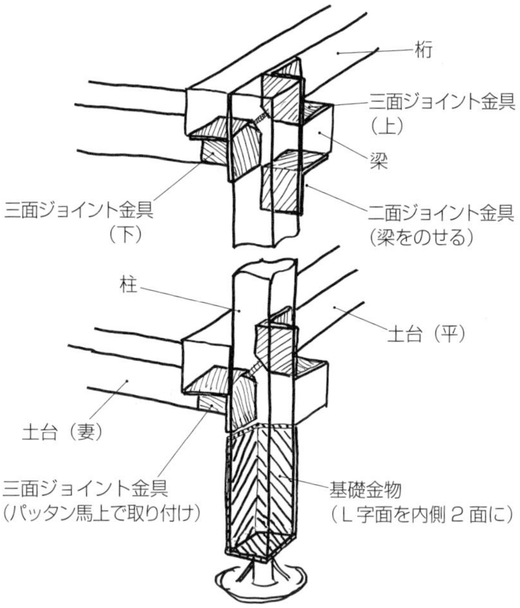

図3　三面ジョイント金具と二面ジョイント金具の構造

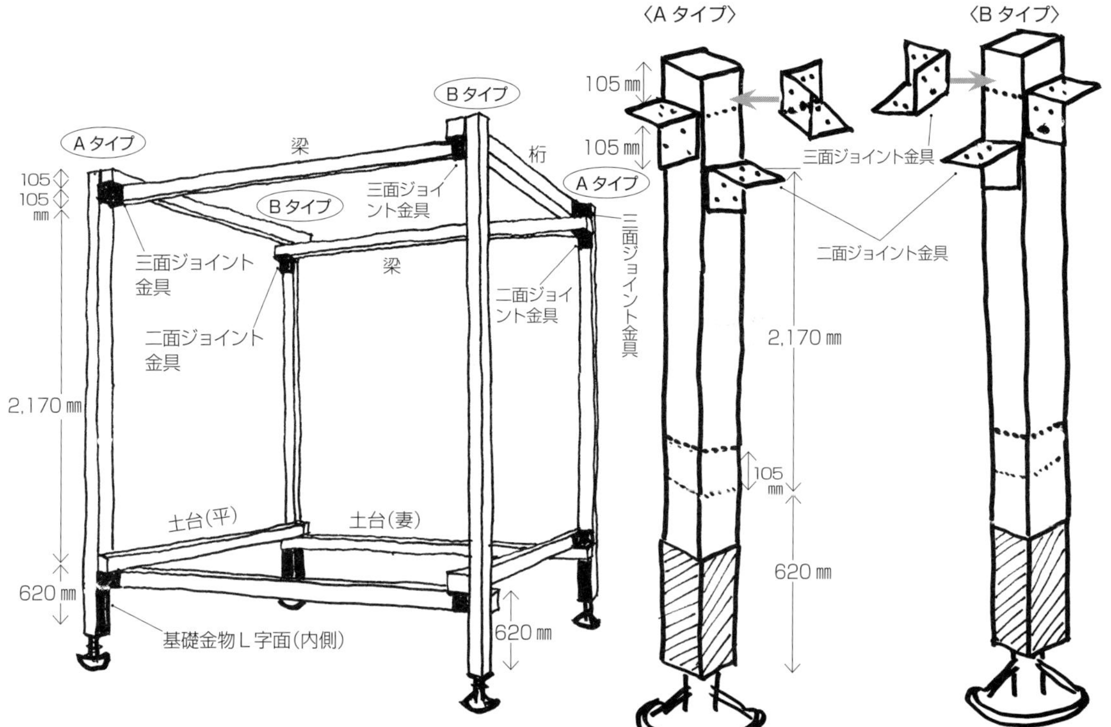

図4　柱へのジョイント金具の取り付け

3 土台の設置

建てたい場所を整地し、パッタン馬を4台置き、その上で土台を組みます。

手順は以下の通りですが、土台（妻）→土台（平）の順に置き、水平、直角を確認し、上下の三面ジョイント金具の三面が土台（妻）、土台（平）にしっかり接合するように、60㎜コーチボルトで固定します。

1

高さをそろえたパッタン馬４台を平方向に置き、まず２本の土台（妻）をパッタン馬より30㎝くらい出るように置く。その上に土台（平）２本を置く

2

水平規を妻土台、平土台に置き水平になるよう、パッタン馬の高さを調整する

3

土台（平）も土台（妻）も柱の幅だけ外に出して交差させる

4

２つのメジャーを土台の対角線に引き、同じ長さとなるよう角を軽くたたいて直角にする（詳しくは55ページ参照）

5

三ジョイント金具（下）を飛び出した土台（妻）の上面と平土台の下面にコーチボルトで固定する。

6

上下の三面ジョイント金具をそれぞれ土台(平)、土台(妻)にコーチボルトで固定する。他の三隅も同様に行なう

4 柱の設置

柱も土台をパッタン馬にのせたまま組みます。基礎金物の金具面を内側にして、土台の三面ジョイント金具にコーチボルトで固定します。垂直を確認してから上下の三面ジョイント金具にボルトを通してレンチで締めて強固に接合します。立てる際には柱の下端から620㎜に引いた線が、土台（妻）の上面にぴったり合うように高さを調整します。

1

柱を基礎金物のL字面を内側にして立て、土台妻・平の外に出た部分に押し付け、620㎜線と妻土台上面に合わせせる

2

高さがずれないように押さえ、上の三面ジョイント金具と柱をコーチボルトで固定する

3

同様に、下の三面ジョイント金具と柱をコーチボルトで固定する

4

立てた柱の２面に水平規を縦に当て、垂直メモリで垂直を調整する

5

上下の三面ジョイント金具のボルト穴にノコギリヤスリを入れて軽くこすり、ボルトが入りやすくする（ボルトを金ヅチなどで軽く打てば入るので、あえて必要なし）

6

ボルトを通し、スプリングワッシャー、ワッシャー、ナットの順にを入れる。スプリングワッシャーを入れると柱が乾燥してもゆるまない

7

下のナットをスパナかメガネレンチで固定し、ラチョットレンチでボルトを締める

8

ほかの３本の柱も同様に立てる

5 梁、桁の設置

二面ジョイント金具と三面ジョイント金具（下）を取り付けた４本の柱を立てたら、土台と同様に梁→桁の順にジョイント金具で柱と接合していきます。ボルトをしっかり締めれば、家の軸組みの完成です。

三脚にのっての作業なので、注意して行ないます。

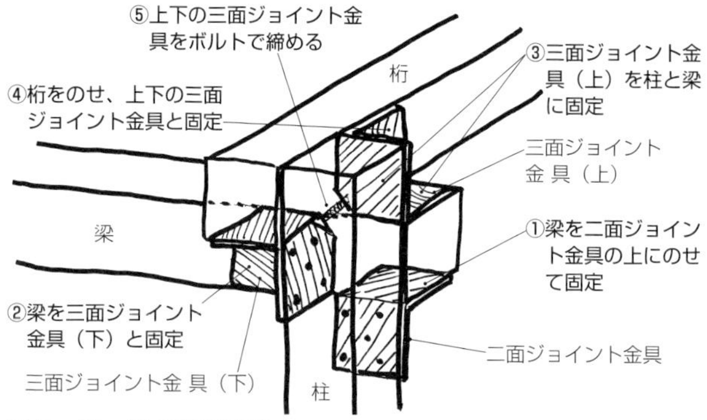

⑤上下の三面ジョイント金具をボルトで締める
③三面ジョイント金具（上）を柱と梁に固定
桁
④桁をのせ、上下の三面ジョイント金具と固定
三面ジョイント金具（上）
梁
①梁を二面ジョイント金具の上にのせて固定
②梁を三面ジョイント金具（下）と固定
二面ジョイント金具
三面ジョイント金具（下）
柱

図５　梁・桁の設置手順

❶

柱に取り付けてある二面ジョイント金具の上に、妻側の梁を２人でのせる

❷

柱の縁に合わせて二面ジョイント金具に、下からコーチボルトを打って固定する（上図①）

❸

柱に取り付けてある三面ジョイント金具（下）と梁の外側面をコーチボルトを打って固定する（上図②）

❹

二面ジョイント金具を取り付けた梁の上に、三面ジョイント金具（上）を置き、柱と梁にコーチボルトを打って固定する（上図③）

❺

もう一方の梁を❶～❹の手順で設置したら、桁を柱の内側にのせる

❻

桁を柱の縁に合わせて、上下の三面ジョイント金具にコーチボルトを打って固定する（上図❹）

❼

柱と梁・桁が固定されたら、土台と同様に上下の三面ジョイント金具にボルトを通して、レンチで締めて強固に接合する（上図❺）。ほかの三隅も❺～❼の手順で桁を設置する

❽

梁・桁を設置したら、片方ずつ持ち上げてパッタン馬をはずし、土台に水平規を置いて、基礎金物の高さを調整して水平にする

3 床盤の設置

床盤の設置方法は、間柱パレットハウス工法とほとんど同じです（46～58ページ）。根太は土台（平）より柱の幅分低い土台（妻）に設置するので、たわみ止めは必要ありませんが、土台（平）には断熱材受け、土台外周には壁パネル受けを設置します。いずれも３ｍ間柱材でつくります。

1 床盤の構造

右図は土台に根太、断熱材受け、壁パネル受けの設置時の平面図です。根太が４組入ります。

土台（平）の底面には、外側に壁パネル受け、内側に断熱材受けの２枚間柱を設置します。壁パネル受けは柱から52㎜ほど出るだけですが、壁パネルはＬ字の間柱が土台にしっかりビス留めされるので心配ありません。土台（妻）に根太を設置すると、根太の上縁と土台（平）の上縁の高さが同じになります。

床材は、この土台（平）と根太にビス留めしていきます。

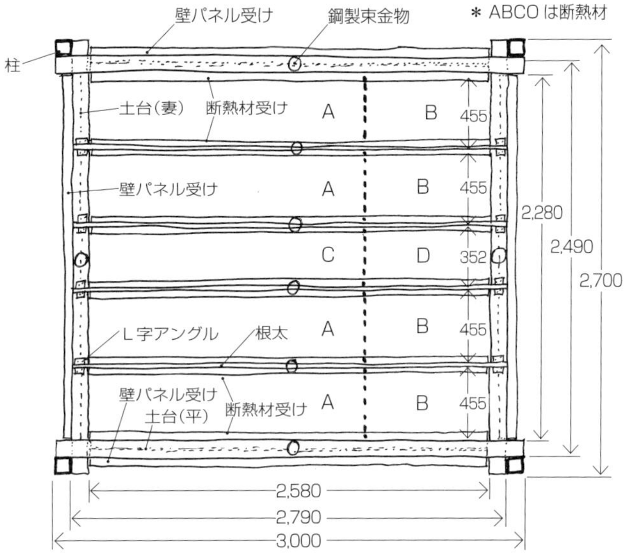

図６　土台・根太の平面図　（単位㎜）

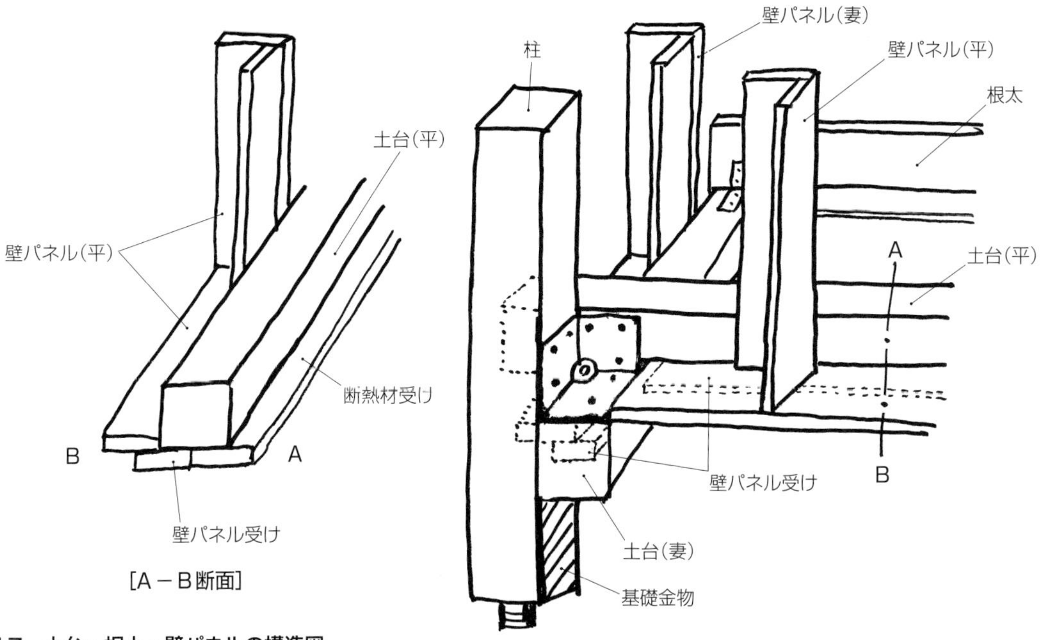

図７　土台・根太・壁パネルの構造図

2 床盤部材を切り根太を組む

根太、根太と土台（平）に取り付ける断熱材受け、それに土台の四辺外周に取り付ける壁パネル受けは、下図のように3m間柱14本でつくります。

根太には図11のように、断熱材受けを木表を上にして、根太の両端を107㎜（105㎜＋2㎜）あけて取り付けます（取り付け方は、間柱パレットハウス51ページ参照）。また中央に鋼製束金物を取り付けておきます。

断熱材（縦1,820㎜、横910㎜、厚さ9㎜）は、図10のように半分に切ったもの（A，B）を左右に、中央はその残りの幅（C，D）にして、カッターで切っておきます。

床材は本実《ほんざね》加工された長さ3m・幅180㎜のフローリング材を使います。手前の土台（平）の外縁から奥の土台（平）の外縁までの長さに、16本切っておきます。

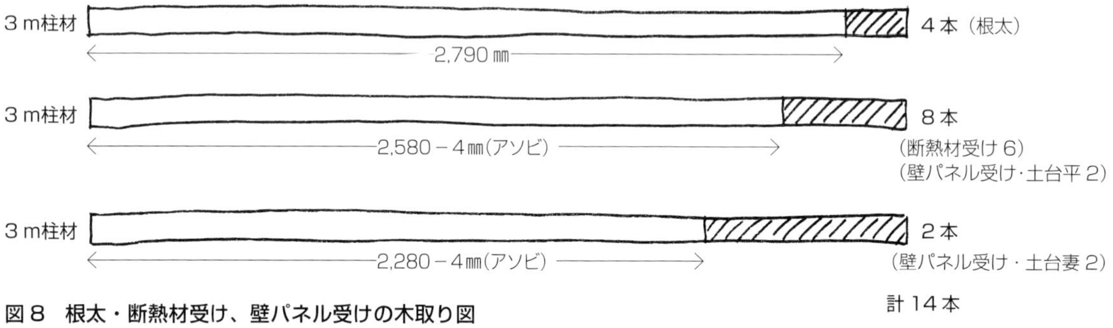

図8　根太・断熱材受け、壁パネル受けの木取り図

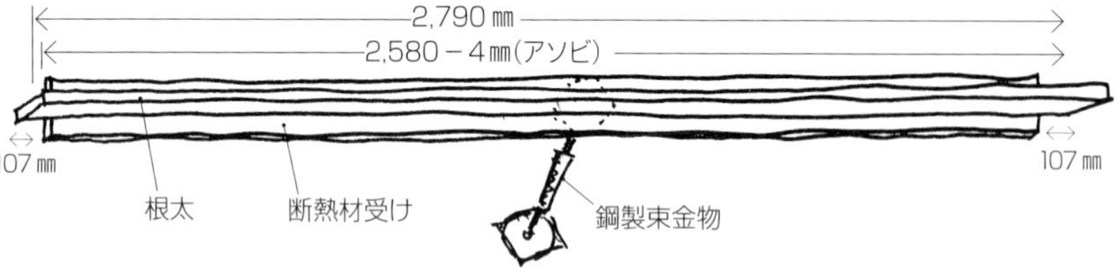

図9　根太パーツ（4組）

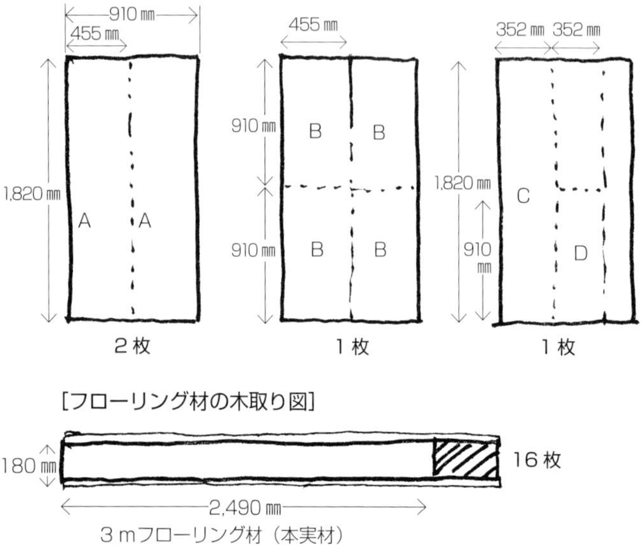

図10　断熱材の切り取り図、床材の木取り図

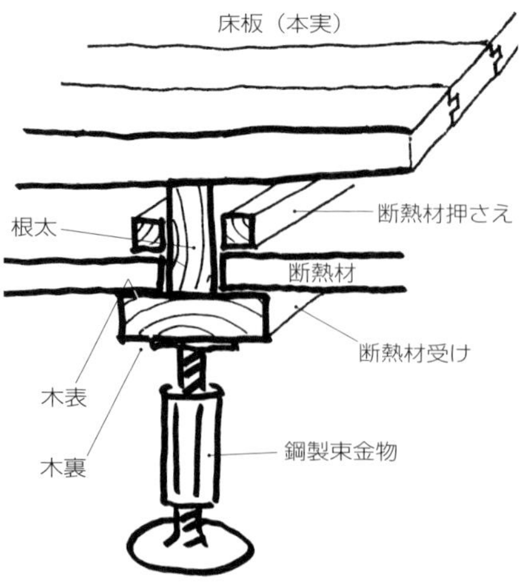

図11　床盤の構造

3 床盤の設置

まず土台（平）に断熱材受けを51㎜コーススレッドビスで600㎜間隔に下から打って固定します。次に切った断熱材を定規（スペーサー）にして根太を置き、土台（妻）にL字アングルで固定します。妻・平の土台に壁パネル受けを断熱材受けと同様に取り付けたら、土台中央にも鋼製束金物を取り付けます。

次に断熱材を根太の間に入れ、風で吹き上がらないよう、通気止めテープを貼り、24㎜くらいの角材を根太縁に51㎜コーススレッドビスで打って押さえておきます。

本実《ほんざね》加工のフローリング材は、土台（平）に渡して、両端の土台（平）には90㎜の、根太には51㎜のコーススレッドビスを打って張っていきます（詳しくは58ページ参照）。土台（妻）と床板の間にすきまができますが、外装と内装で密閉されます。

1

土台の高さを再調整し、土台（平）に断熱材受けを設置

2

断熱材の幅を定規にして根太パーツを妻土台に置き、両サイドをL字アングルで固定

3

土台の底面に壁パネル受けを外側に50㎜程度出して、51㎜コーススレッドビスを600㎜間隔に下から打って固定

4

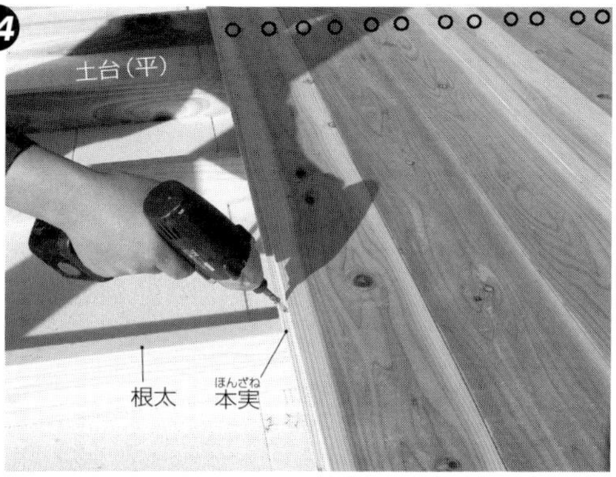

断熱材を入れてからフローリング材を土台（平）に渡し、土台（平）には90㎜コーススレッドビスで二点留めし、根太には51㎜ビスを本実部分に斜め打ちする

5

床盤の完成

4 壁パネルつくりと設置

ジョイント柱ハウスでは柱、土台、梁、桁の柱組みが家を支えるので、壁パネルは外壁・内壁と窓枠の下地、および断熱材受けが主な役目となり、間柱パレットハウスの壁パレットのように強度はあまり必要ありません。柱組の間に設置するまではグラグラしますが、心配はありません。

1 壁パネルの構造と寸法

右図は上から見た平面図です。梁・桁も、土台の平も妻も、四隅が柱の幅分（105㎜）出ています。このスペースに柱と同じ幅の間柱をＬ字に組んだＬ字間柱を立てると、柱のツラと間柱の木端《こば》のツラが同じになり、外壁材が張れるようになります。

下図は平側と妻側の壁パネル設置後の立面図です。Ｌ字間柱は上と下に間柱押さえを取り付けて連結します。間柱押さえの長さは、左右の端に柱と三面ジョイント金具、桁があるので、それぞれの土台、梁、桁よりも４本の柱の幅分（420㎜）短くなります。Ｌ字間柱の長さは、土台の下縁から柱の先端までの長さから間柱押さえ２枚分の厚み（27㎜×２）を引いた長さになります。縦枠がなく横板もないので、グラグラしますが、Ｌ字間柱を土台、梁、桁にビスを打って固定するとしっかりします。

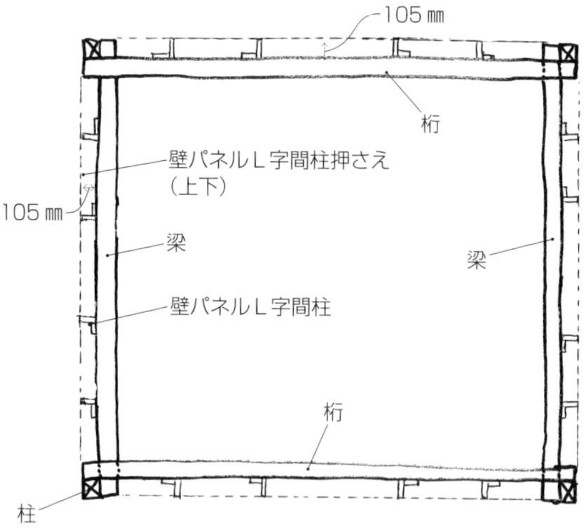

図 12　設置した壁パネルの平面図

＊黒い部分が壁パネル

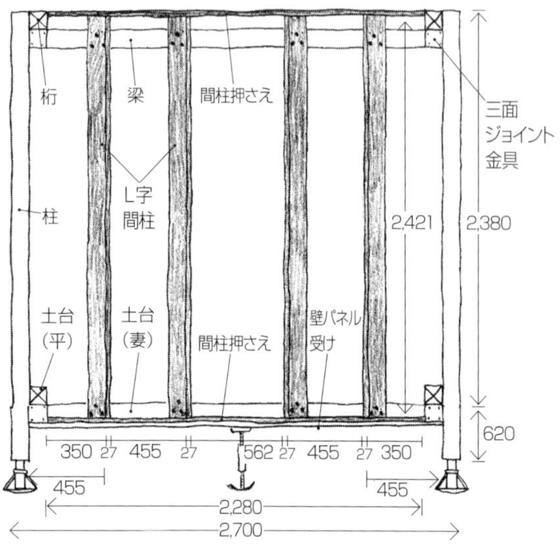

図 13　壁パネル（妻　窓なし側）立面図　（単位㎜）

＊黒い部分が壁パネル

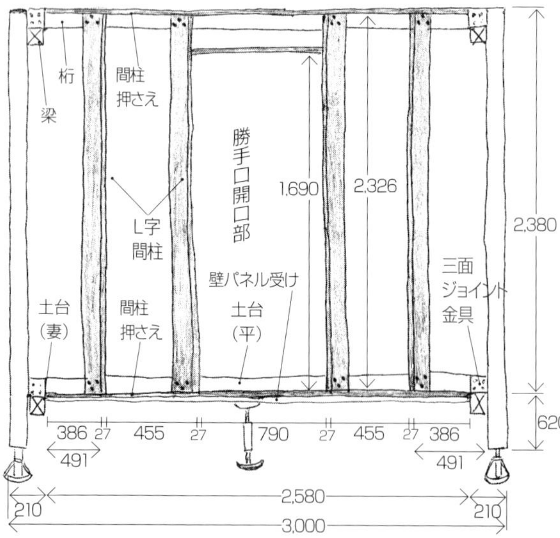

図 14　壁パネル（平　勝手口側）立面図　（単位㎜）

2 壁パネルつくり

壁パネルつくりは、まず下図のように間柱材を切り、でき上がった床盤の上で組みます。

つくり方は､壁パレットの要領（62 ～ 63 ページ）を参考にし、木端に打つ場合は 51 ㎜のコーススレッドビスを 300 ㎜間隔に、木口に打つ場合は 90 ㎜コーススレッドビスの二点留めします。

床盤の上で壁パネルを組む

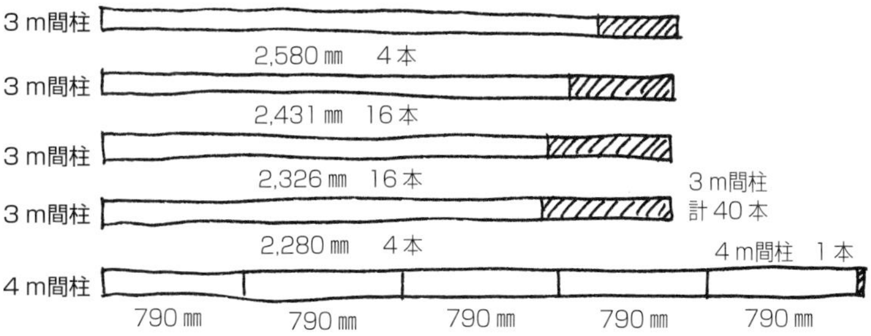

図 15　壁パネル材の木取り図

勝手口（左）と窓枠サッシ２組（右）

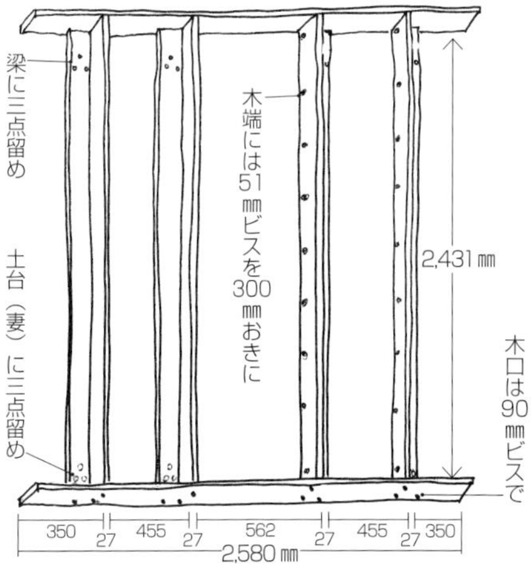

図 16　妻側（窓なし）　（単位㎜）

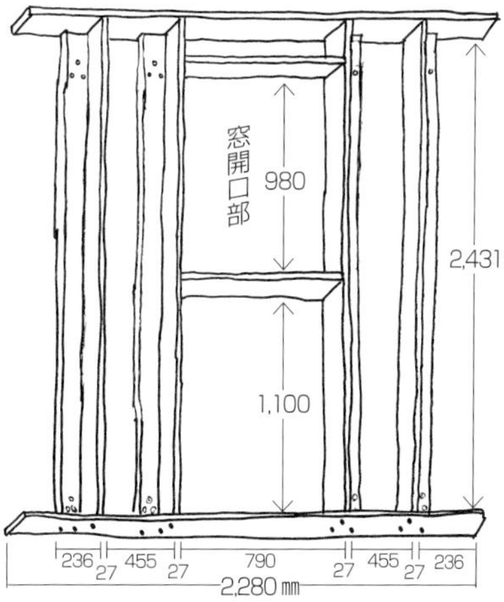

図 17　妻側（窓あり）　（単位㎜）

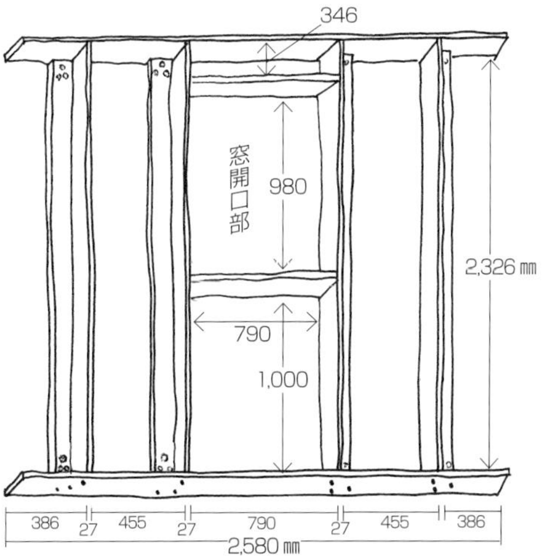

図 18　平側（奥）　（単位㎜）

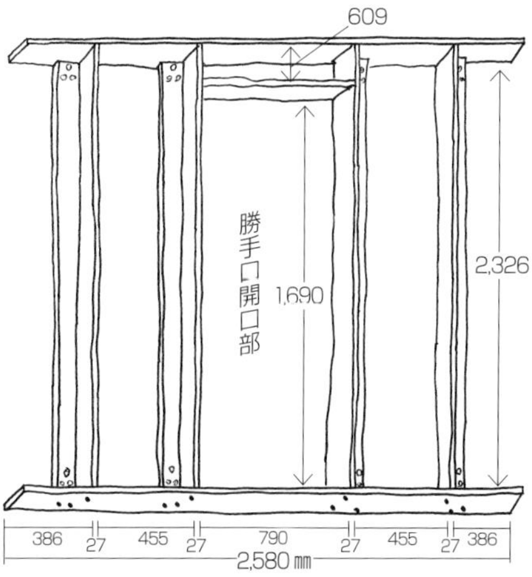

図 19　平側（勝手口側）　（単位㎜）

3 壁パネルと窓枠サッシの設置

組んだ壁パネルを、土台と柱、梁・桁の枠にはめ込み、L字組みの縦板と土台および梁・桁とが接触している上下の部分を、51 ㎜のコーススレッドビスで三点留めします。壁パネルを設置したら窓枠サッシを開口部に設置します。

❶

外側から、土台下に取り付けた壁パネル受けの上に壁パネルを置き、上端を桁（または梁）に押し付ける

❷

上端の縦板と桁（または梁）に 51 ㎜のコーススレッドビスで三点留め。土台とも同様に留める

❸

窓枠サッシを開口部に設置する

5 屋根のパーツつくりと設置

間柱パレットハウスと同じように屋根トラスを４組を図 21 のように置き、L字アングルでトラス梁と桁を固定します。両サイドのトラスは、トラスの梁と壁パネル（妻）のL字間柱縦板に、間柱でつくった両サイドトラス止めをビスで打ち付けて固定します。面戸も平側壁パネルの上板に固定します（117 ページ・図 25 参照）。

鼻隠し板、トラス倒れ止めを設置してから、野地板、防音断熱材、ルーフィング（防水シート）、屋根材の順に張ります。屋根材は安価な波板トタン葺きとしました。

1 屋根の構造と必要な材料

屋根トラスの構造と寸法は、パレット間柱ハウスと同様です。

波板トタンを妻側の屋根端部に巻けば、けらば水切りも必要なく、また平側端も波トタンを鼻隠し板より 100 ㎜くらい出せば、捨て唐草も不要です。

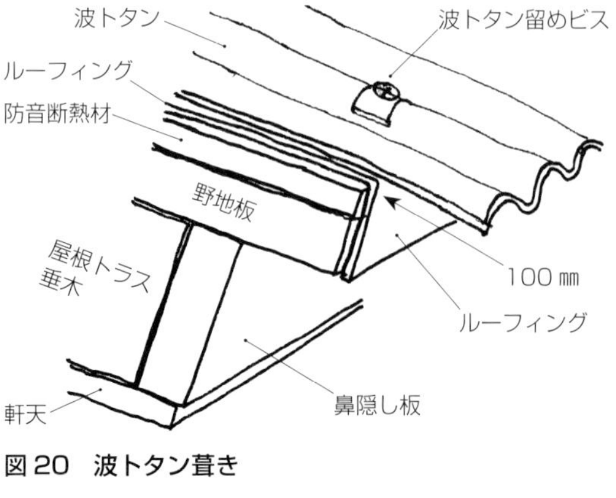

図 20　波トタン葺き

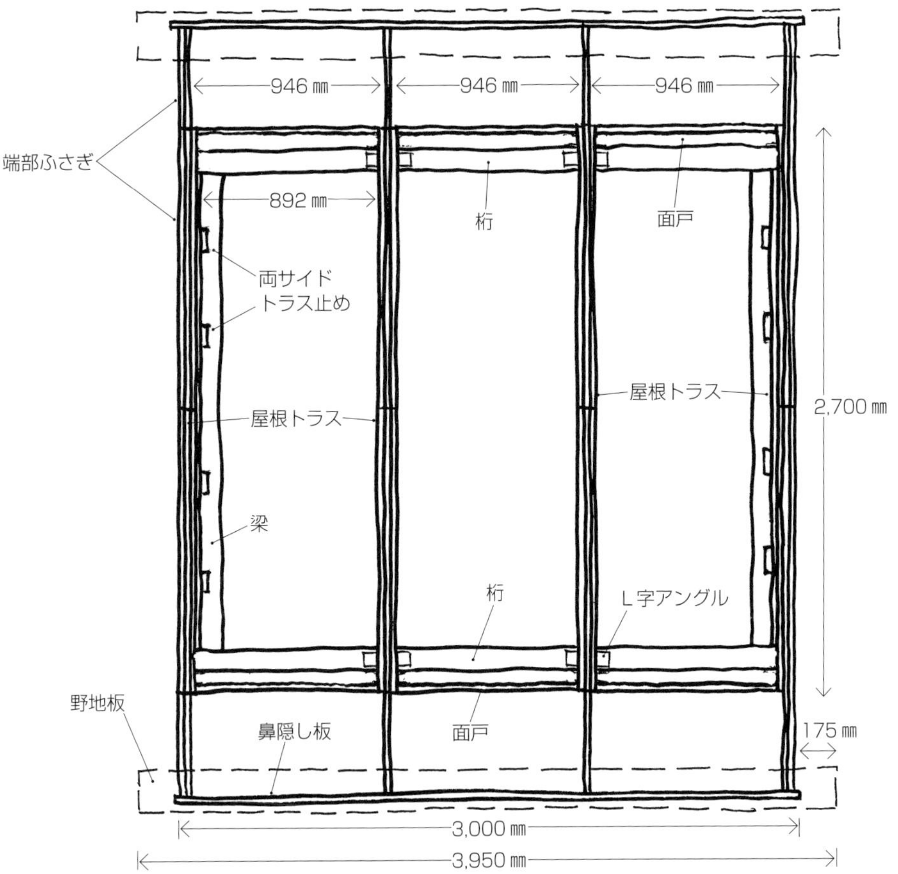

図 21　　屋根トラス設置平面図

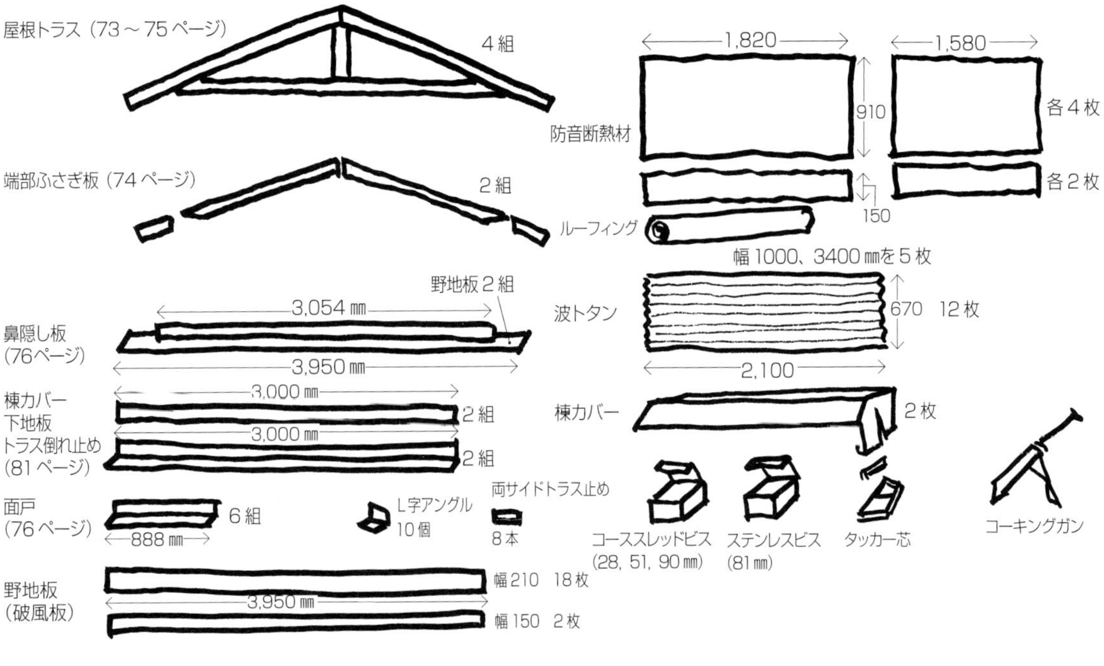

図 22　　屋根に必要なパーツ　（　）内はつくり方参照ページ

2 屋根パーツつくり

4 m間柱 15 枚、3 m間柱 10 枚、野地板にする 4 m破風板 210 ㎜幅 18 枚、150 ㎜幅 2 枚を下図のように切って、屋根トラス、面戸、鼻隠し板を組みます。作り方は前ページの図にあるページを参照してください。下図には、トラス倒れ止めがありませんが、これは外壁に設置するコーナーカバー 2 組を使い、屋根設置後に取り外しておきます。

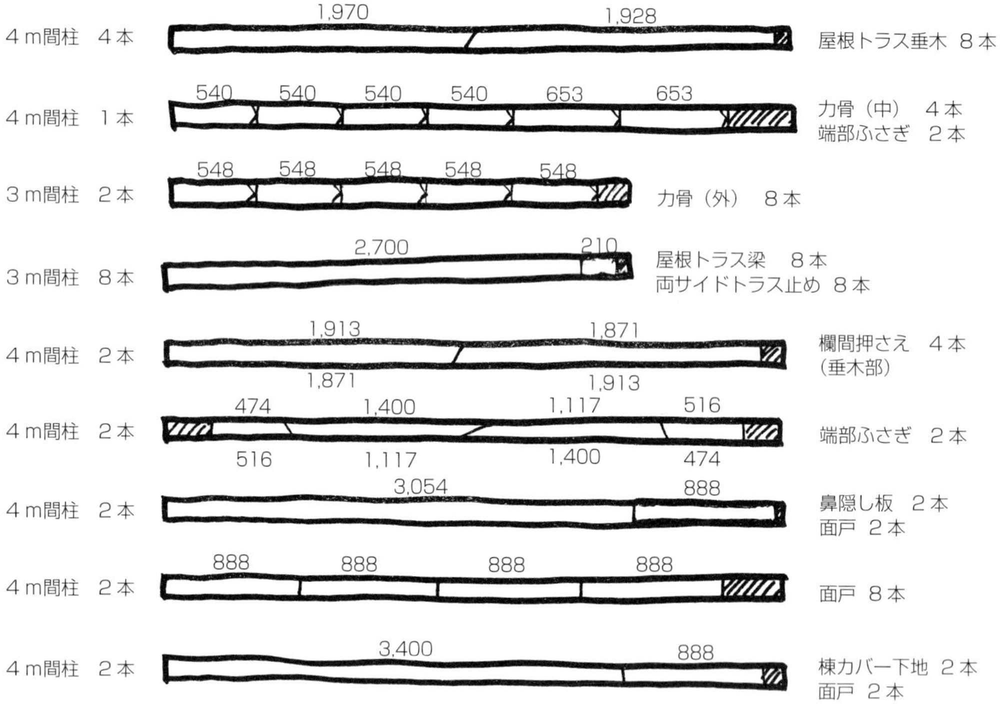

図 23　間柱木取り図　（単位㎜）

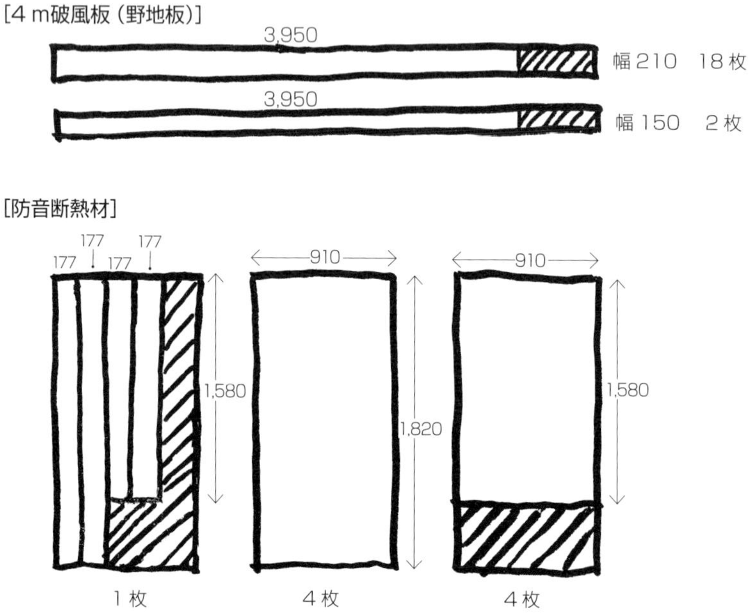

図 24　破風板（野地板）と防音断熱材の切り取り図　（単位㎜）

3 屋根トラスの設置

まず両サイドのトラスをトラスの梁端と柱の木口端を合わせて、妻側の壁パネルの上板の上に置き、桁とトラス梁をL字アングルで固定します。

次に右図のように、壁パネルの４本のL字間柱に合わせて両サイドトラス止めを立て、トラス梁とL字間柱にそれぞれ51㎜コーススレッドビスで三点留めします。中間の２組の屋根トラスは、面戸をスペーサーにして平側壁パネルの上板に置き、両側からL字アングルで桁と固定します。面戸も壁パネルの上板に51㎜ビスで固定します。

最後に端部ふさぎを取り付け、妻側中央にトラス倒れ止めを設置します（80～81ページ参照）。

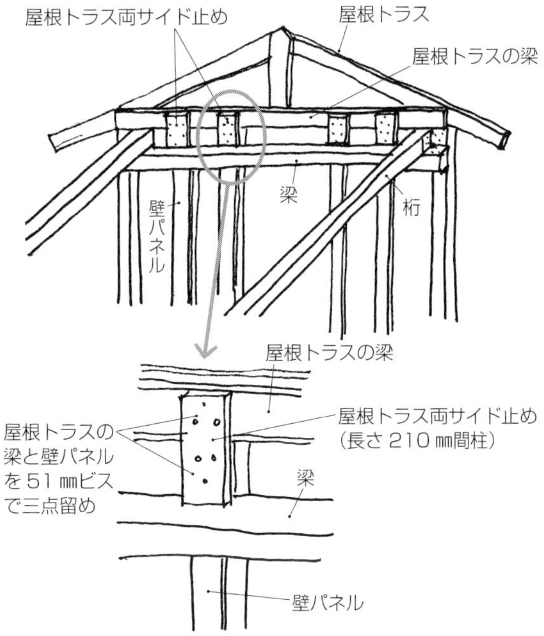

図25　両サイドトラスをトラス止めで固定

❶ 桁にL字アングルで固定したサイドトラス

❷ ４組のトラス設置完了

❸ トラス倒れ止め（兼コーナーカバー）を、土台（妻）と梁に三点留めして設置

4 野地板・防音断熱材・ルーフィングを張る

野地板・防音断熱材・ルーフィングの張り方は、間柱パレットハウスと同様です（82～83ページ参照）。

❶ 垂木端に鼻隠し板を設置し、屋根すそから野地板を張る（野地板は鼻隠し板の両端より54㎜先に出す）

❷ 屋根すそから防音断熱材を張る

❸ 屋根すそからルーフィングをタッカーで留めていく

5 波板トタンを葺く

波板トタンは長さ 2100 ㎜、幅 670 ㎜のものを選びます。これだと切らずに 1 枚で屋根先から棟まで張ることができます。まず右ページの写真❶のように、鼻隠し板にトタン止め（コーナーカバーを代用）を取り付け、すそがそろうようにします。

野地板縁から棟頂までは 2,040 ㎜なので、野地板から先に 60 ～ 100 ㎜くらい出ます。このくらい出すと、雨水が野地板まで伝わらないので、捨て唐草は必要ありません。

波板トタンの重なり代は少なくとも 2 山は必要です。また、右ページ写真❼のように、妻側の

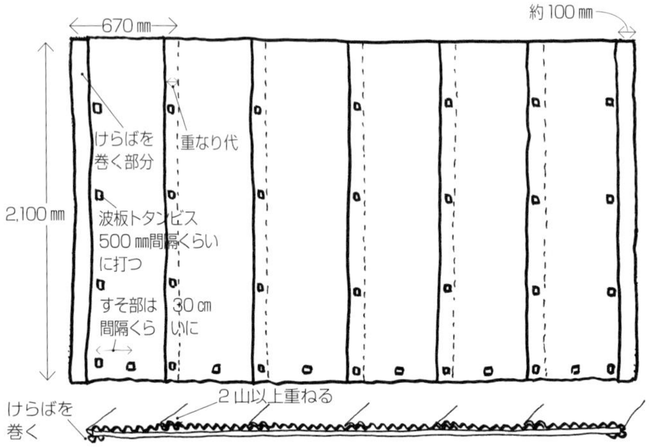

図 26　波板トタン配置図

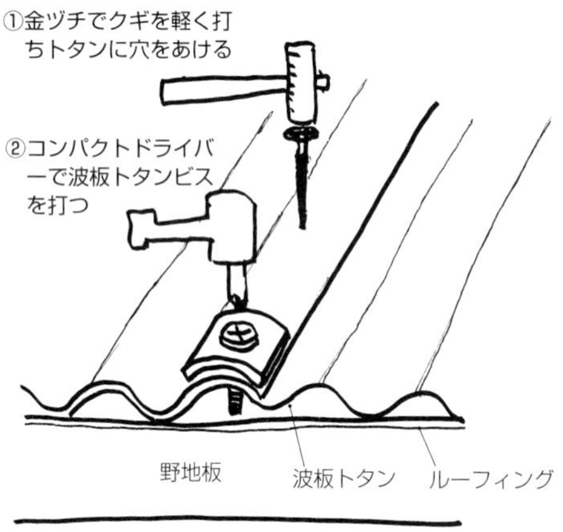

図 27　波板トタンのビス打ち

3 坪ハウスのメンテナンス

木造の家の最大の敵は、湿気です。木は乾燥していれば何百年でも腐ることはありません。雨水が侵入したり、湿気が床下や壁の内部にこもってじめじめしていると、腐朽が進みます。

屋根や壁は透湿防水シートを張り巡らしていますが、雨樋に落葉などが詰まってあふれたり、捨て唐草やけらば水切り、屋根材や棟カバーが破損したりすると、雨水が侵入したり湿気がこもり腐朽してしまいます。雨樋の掃除や雨水が侵入しやすい部分の点検を定期的に行ないましょう。また、金属の屋根材は錆防止のために塗装されていますが、10 年前後おきに塗り替えが必要です。

また、床下に雨水が侵入したり、建物の周囲に草木が繁茂して床下の通気が悪くなったりすると、土台や根太などが腐朽しやすくなります。湿気が多いと白アリも侵入しやすくなります。大雨でも床下に雨水が侵入しないようにし、周囲の草管理も定期的に行ないましょう。

基礎金物や束金物は錆止めしてありますが、濡れたり湿気が多いと錆びやすくなります。錆びて弱くなったらジャッキで持ち上げて交換する必要があります。

屋根縁（けらば）に波板トタンを巻いて固定するとけらば水切りも必要ありません。巻くには100㎜くらい必要です。一度並べてみて重なりを調整して配置します。

波板トタンは、この重なり部分の山部分に波板トタンビスを打って固定しますが、インパクトドライバーに不慣れな方は、あらかじめクギなどで下穴をあけてからビス留めするほうが無難です。失敗して不要な穴をあけると雨水が漏れてしまいます（失敗した穴はシールで埋める）。打つ位置は図26、27の通りですが、屋根すそは風にあおられやすいので、多く打っておきます。

波板トタンを設置したら、棟カバー下地を51㎜コーススレッドビスを600㎜間隔に打って取り付け、棟カバーを設置すれば、屋根は完成です。

1 鼻隠し板の先にトタン止め（コーナーカバーを仮留め）を設置する

2 けらば巻き分（約100㎜）を重なり代を調整して確保し、波板トタンを並べる

3 ビス留め位置に金ヅチでクギを打ち、トタンに穴をあける

4 波板トタンビスをインパクトドライバーで打つ

5 棟カバー下地を棟の両サイドに設置

6 棟カバーを設置

7 屋根の妻側端部（けらば）にトタンを折り曲げて巻き、下から野地板に波板トタンビスを打って留める。棟カバーも折り曲げる

8 完成した波板トタン葺き屋根

6 外壁の設置

外壁の設置方法は間柱パレットハウスと同様です（87～96ページ参照）。各部材を寸法に合わせて切ってから、断熱材設置→透湿防水シート設置→荒床板の下見板張り→軒天張り→水切り設置→欄間の設置→コーナーカバーの設置という手順で行ないます（勝手口庇、雨樋は省略）。

1 必要な材料と部材つくり

外壁材として使う荒床板（3.6 m　幅 180 ㎜）が 48 枚、コーナーカバーと欄間押さえに使う 3 m間柱が 12 枚、欄間の下に設置する水切り金物（2,700 ㎜）が 2 個、ポリカ 2 枚、断熱材 11 枚、透湿防水シート 2 巻のほか、断熱材を止める通気止めテープ、ポリカのすきまをふさぐシリコンキングなどが必要です。

下記の木取り図では、荒床板は多少原寸よりも短いものがありますが、幅 105 ㎜のコーナーカバーで隠れてしまうので心配ありません。断熱材は壁パネルと土台、梁、桁のペースの原寸を確認してから切ったほうが確実です。コーナーカバーは、90 ページを参考にして組んでください。

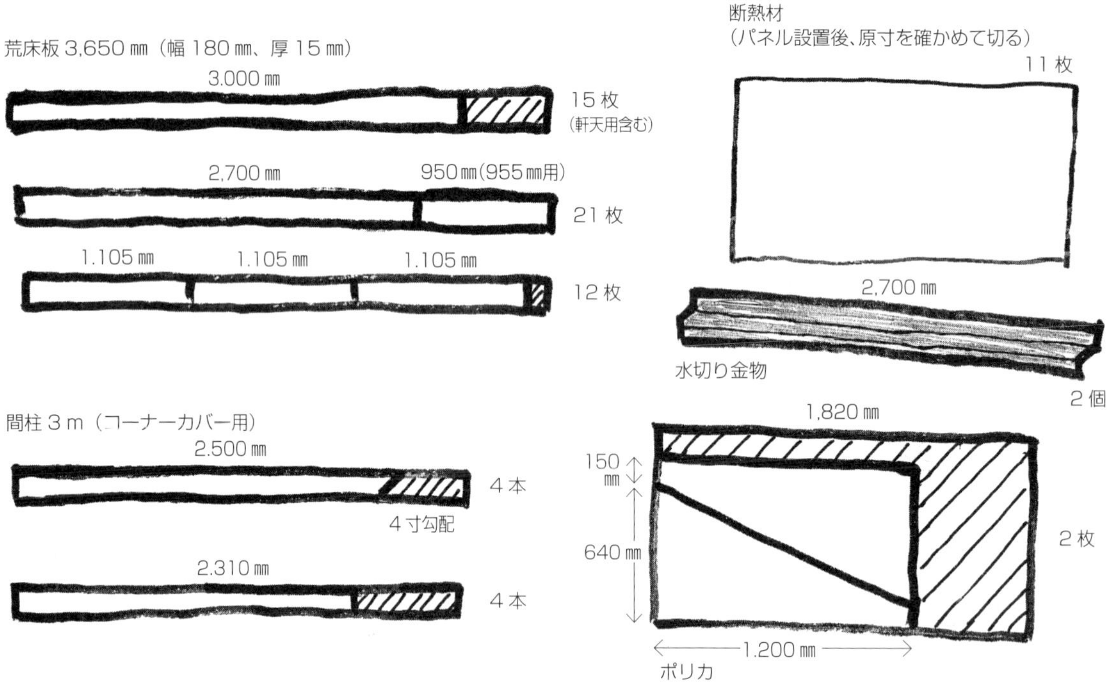

図 28　外壁の材料と木取り図

2 外壁・欄間の設置

防音断熱材設置から透湿防水シート設置、荒床板の下見板張り、軒天張り、欄間の設置、水切り設置、コーナーカバーの設置までの手順、方法は間柱パレットハウスと同様です（87〜96ページ参照）。

荒床板の下見板張りは、両サイドの柱や壁パネルのL字間柱の木端に51㎜コーススレッドビスで留めていきます。平側の上部は壁パネル上板の木端に同様に固定します。妻側上部は屋根トラスの梁の水切りの下まで張ります。

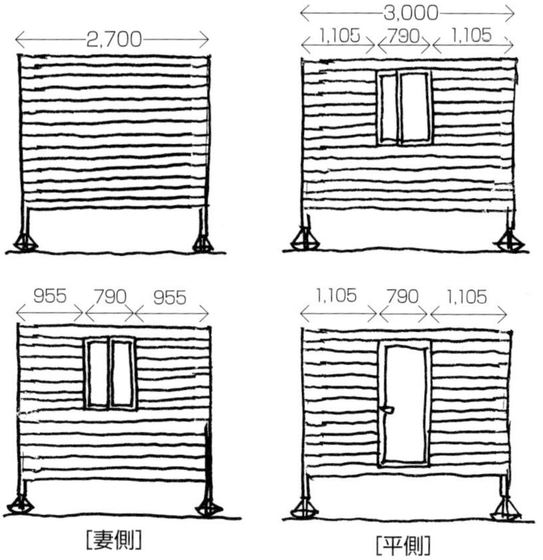

図29　外壁立面図　（単位㎜）

1 切り取った断熱材を壁パネルにはめ込み、通気止めテープで固定する

2 透湿防水シートを土台、柱の上から巻いて、タッカーで留める。軒天にも張る

3 土台から上方向に荒床板を下見板張りする。土台や柱にはしっかり打って留める

4 軒天にも荒床板を張る

5 妻側屋根トラスにポリカ、欄間押さえを設置し、下部は荒床板で押さえてから水切り金物を設置する

6 四角にコーナーカバーを立てる

7 内壁の設置

内壁も間柱パレットハウスと同様に、あいじゃくりの羽目板（幅 180 ㎜）を平側の隅から、柱と壁パネルのＬ字間柱に張っていきます。羽目板を張り終わったら、窓枠を設置して（98 ページ参照）完成です。

1 必要な材料と部材つくり

下図は羽目板の木取り図ですが、現状を確認して切っていくとよいでしょう。窓下や桁・梁下は半端な幅となり、羽目板を丸ノコ長物定規を当ててピッタリの幅に縦切りする必要も出てきます。窓内枠の間柱も同様です。勝手口の下辺のサッシ枠と床盤との間に 40 ㎜の厚み分のすきまがあるので、重ね底板を敷きます。羽目板（厚 12 ㎜）を間柱の幅に切って床盤に固定し、その上に窓枠を設置します。

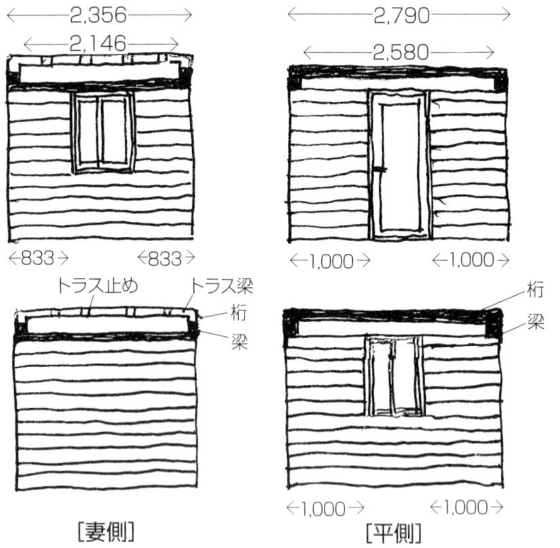

図 30　内壁立面図（単位㎜）

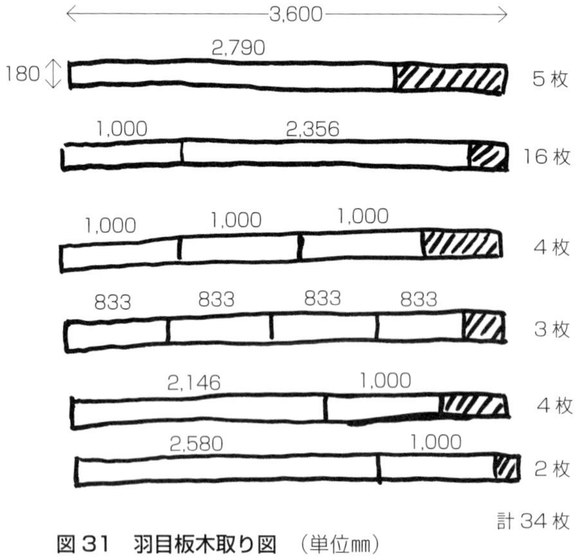

図 31　羽目板木取り図　（単位㎜）

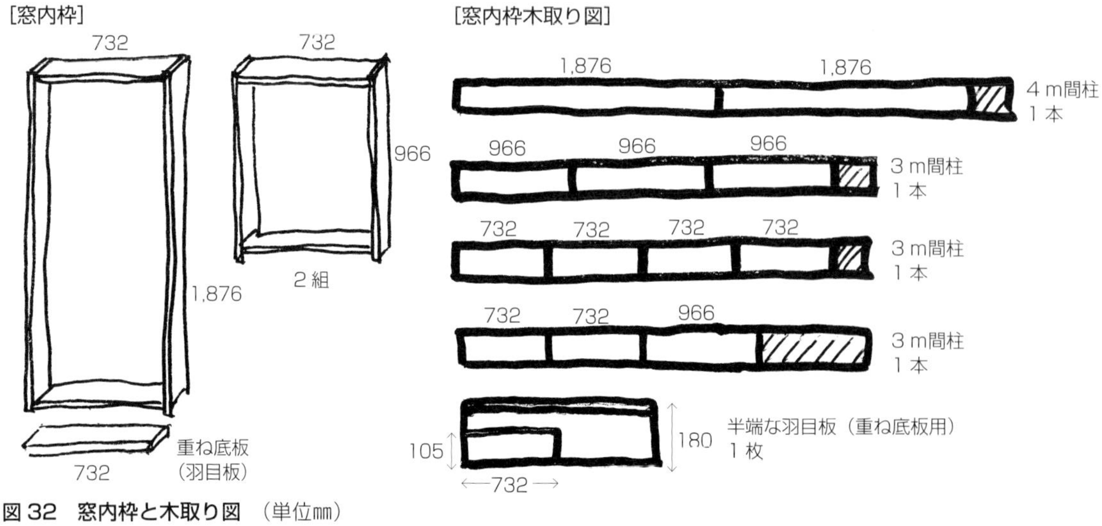

図 32　窓内枠と木取り図　（単位㎜）

2 羽目板と窓内枠の設置

羽目板・窓内枠の設置方法、手順は 97 ～ 98 ページを参照してください。

ジョイント柱ハウスの梁と桁は、この壁パネルから内側に露出しているので、羽目板は梁・桁まですきまがないように張ります。

また、妻側の梁とトラスの梁との間にある柱の幅（105 ㎜）のすきまを、間柱か羽目板を 1 枚張って埋めておきます。

1

内壁設置前の平側。露出した桁の上にトラスの梁がのっている

2

妻側は露出した梁とトラスの梁との間にすきまがあり、断熱材が見える

3

平側の隅下から羽目板をはめ込み、51 ㎜コーススレッドビスを壁パネルの間柱に打っていく

4

平側は桁下まですきまなく張る

5

両方の平側が張り上がったら、妻側の下から張っていく

6

妻側の梁の上のすきまにも、トラスの梁を覆うように張っておく

7

羽目板を張り終わったら、窓内枠を左右縦枠、上下縦枠の順に 51 ㎜コーススレッドビスで留める。勝手口の下枠の下のすきまには重ね底板を取り付けてから、内枠を設置する

8

内壁、窓内枠の設置完了

完成したジョイント柱ハウス

ジョイント柱工法による土間ハウス

ジョイント柱工法は、土台や柱、梁・桁の骨組みによって家を支えることができるので、床盤がなくても問題がありません。床盤を設置せずに、土間のまま自由に出入りできるようにすれば、駐車場や作業場などに利用できるようになります。壁パネルや屋根トラス、外壁・内壁の設置方法は、前述のジョイント柱ハウスと同様です。

ここでは、骨組みまでの手順を紹介します。

1 家の構造

家の大きさは使用目的に応じて変更できますが、ここでは波トタン１枚で屋根トラスの一辺を覆うことができるよう、妻側の寸法を2,700㎜としました。

ジョイント柱工法の基本は変わりありませんが、土台の一辺を取り除く必要があるので、いったん土台や柱、梁・桁の骨組みをした後、上部の梁・桁の下部に補強するため、上部と同様の、もう一段の補強梁・桁を設置します。そのうえで出入り口となる土台（この家では妻側の土台）をはずします。

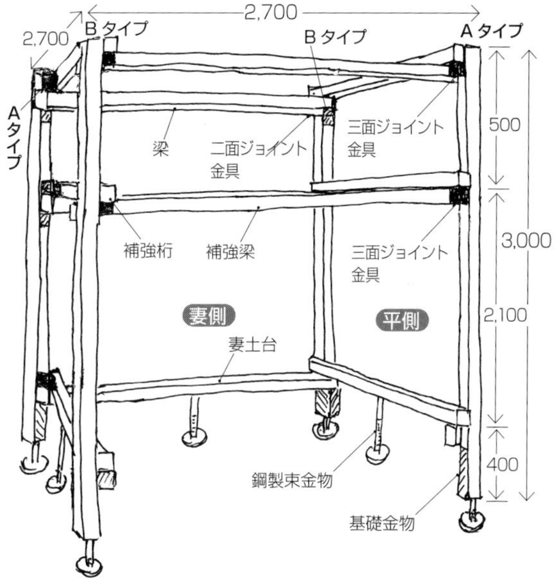

図33　ジョイント柱土間ハウスの構造（単位㎜）

2 必要な材料（骨組みまでのもの）

- 105㎜角材３m…15本
- 三面ジョイント金具セット…12組
- 二面ジョイント金具…８個
- 基礎金物…４個
- 鋼製束金物…３個

手前左から　コーチボルトと三面ジョイント金具のボルト、二面ジョイント金具、三面ジョイント金具、基礎金物セット。パッタン馬の上は105㎜角の３m柱材15本

3 角材の準備

角材を柱用４本、土台・梁・桁用11本を下記の寸法に切り、柱には三面ジョイント金具、二面ジョイント金具を取り付ける面（隣り合った二面）にスミツケをしておきます。

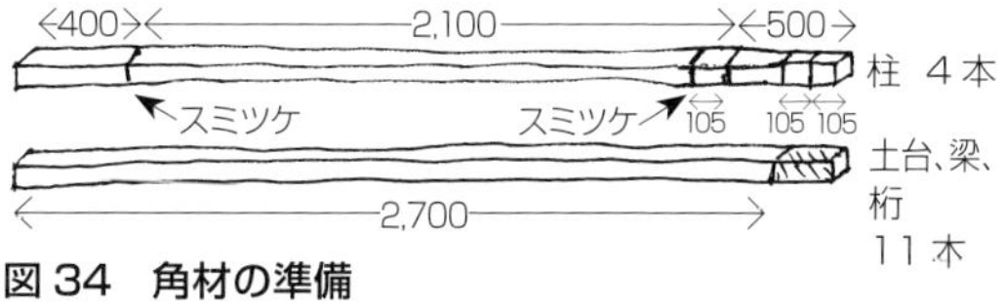

図34　角材の準備

柱用角材を４本、当て木をして端をそろえ、サシガネを当ててスミツケをする

4 柱への基礎金物・ジョイント金具の取り付け

4本の柱に右図のように、基礎金物、三面ジョイント金具、二面ジョイント金具を60㎜コーチボルトで取り付けます。取り付け位置は、前ページの図のようにAタイプとBタイプがあり、対角線上にある柱は同じ向きです。

まず基礎金具を取り付け、基礎金物の取り付け面に三面ジョイント金具、二面ジョイント金具を、向きを間違わないように、スミツケ線に合わせて取り付けます。

基礎金物を取り付ける

三面ジョイント金具と二面ジョイント金具を取り付ける

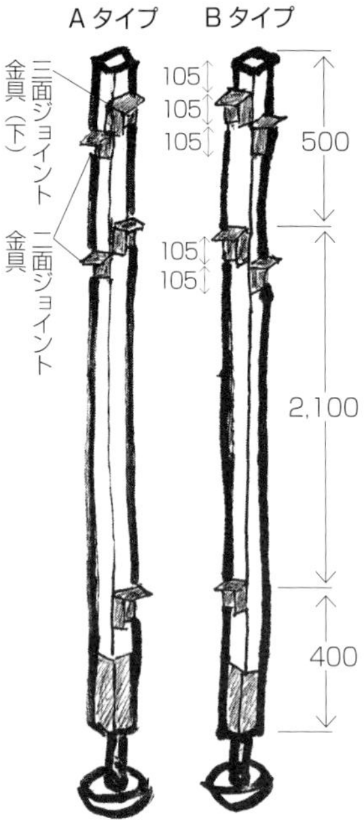

図35　（単位㎜）

5 パッタン馬の上で土台を組む

パッタン馬の上で土台を組む手順は、ジョイント柱ハウスと同様です（106ページ参照）。

❶

平土台を妻土台の上にのせ、水平規を両方に置いて水平にする

❷

メジャーを対角線に引き、同じ長さになるよう調整し、四隅を直角にする

❸

四角の妻土台、平土台の交差部に角材を当て、正確に柱の幅分を出す

❹

三面ジョイント金具を設置位置に当ててみる（右下金具は柱に取り付け済み）

❺

土台の妻と平をコーチボルトで留める

❻

土台組みの完了

6 柱を立てる

柱を立てる手順もジョイント柱ハウスと同様です（107 ページ参照）。

1

下面の三面ジョイント金具を取り付けた柱を立て、土台と金具が密着するように基礎金物の高さを調整し、コーチボルトで仮留めする

2

柱の二面に水平規（垂直規）を当て、柱の垂直を確認し、三面ジョイント金具にコーチボルトをしっかり打って留める

3

上下の三面ジョイント金具にボルトを通し、レンチで締めて土台と柱を本固定する

4

同様に他の柱も垂直に立てる

7 梁と桁を設置する

梁・桁を設置する手順もジョイント柱ハウスと同様です（108 ページ参照）。

1

梁を二面ジョイント金具の上にのせ下からコーチボルトで留める

2

柱に取り付けておいた三面ジョイント（下）と梁を固定する

3

奥の梁も同様に取り付ける

4

桁の上に桁をのせる

5

柱に取り付けておいた三面ジョイント（下）と桁を固定する

6

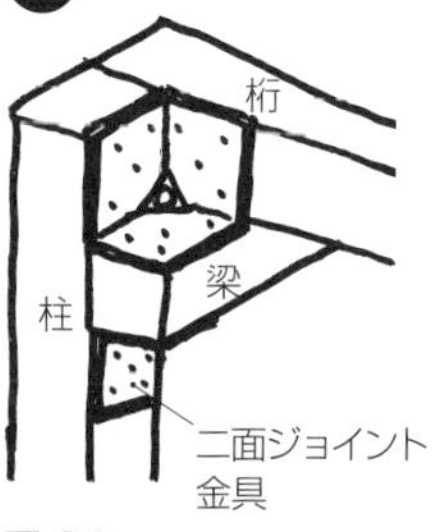

図 36
三面ジョイント（上）を梁、桁、柱に固定する

7

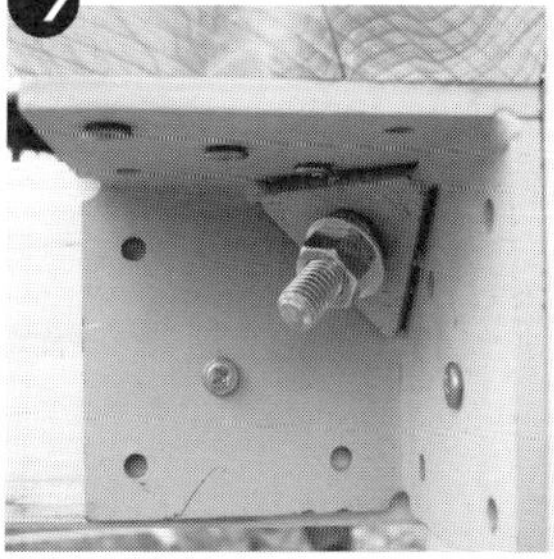

上下の三面ジョイント金具にボルトを通しレンチで締める

8 パッタン馬から下ろし、補強梁・桁の設置と出入り口土台の取り外し

土台と梁桁の骨組みが完成したら、鋼製束金物を土台中間に設置しパッタン馬をはずします。次に上部の梁・桁と同様に、補強梁・桁を設置します。

設置後、出入り口となる梁を取り外し、その代わりに柱のふた幅分の角材を置き、柱と桁とに三面ジョイント金具・斜めボルトで固定します。取り外した妻土台が無用になりますが、出入り口の補強梁を設置を最後に行ない、取り外した妻土台を補強梁に使えばむだになりません。

❶

平側土台を少し持ち上げてパッタン馬を外す

❷

補強梁を、あらかじめ柱に取り付けた二面金具の上に置いて留め、三面ジョイント金具（下）とも留める

❸

留めた梁の上に、三面ジョイント金具(上)を取り付ける。奥の梁も同様に設置

❹

梁の上に桁をのせ、三面ジョイント金具（上）と（下）と留め、斜めボルトを締める

❺

他の三隅も同様に留める

❻

出入り口とする妻側の土台を外し、代わりに長さ 210 ㎜の角材を取り付ける

❼

骨組み完成
❻で外した出入り口の角材は、そのまま❷の補強梁として使う

9 壁パネル・屋根・外壁・内壁の設置

骨組み完成後の手順は、ジョイント柱ハウスと同様です。

車庫として利用する場合には、壁の断熱材や透湿防水シート、屋根の防音断熱材、気にしなければ内壁も必要ありません。出入り口は補強梁にシャッターを設置するとよいでしょう。

図 37 ジョイント柱工法による土間ハウス

資料 1 ●資材と間柱パレットハウスキットの価格と入手先

1．間柱パレットハウス・ジョイント柱ハウス・ウッドデッキの資材と価格

	品　　名	数　量		単価（円）	小計（円）
間柱パレットハウス（3坪用）	水切り（ランマ用）2.7 m	2	本	2,500	5,000
	入り口庇（L＝450 ㎜）	1	個	20,000	20,000
	屋根材　平葺　3.95 m	20	本	2,500	50,000
	屋根材　捨て唐草　3.95 m	2	本	4,500	9,000
	屋根材　けらば水切　2.2 m	4	本	4,500	18,000
	屋根材　棟包　2 m	2	本	6,000	12,000
	基礎金物（コーチボルト付）	4	個	8,000	32,000
	鋼製束金物（コーチボルト付）	14	個	700	9,800
ジョイント柱ハウス（3坪用）	三面ジョイント金具セット（ボルト・ナット・コーチボルト付）	8	個	5,000	40,000
	二面ジョイント金具（コーチボルト付）	4	個	1,500	6,000
	基礎金物（コーチボルト付）	4	個	8,700	34,800
	鋼製束金物（コーチボルト付）	8	個	800	6,400
ウッドデッキ	ウッドデッキ 基礎金物	1	個	6,000	6,000

注1：価格は平成20年9月現在です。予告なく価格改定する場合がございます。
注2：運賃別途です。

2．間柱パレットハウスキットのタイプと参考価格

仕様	部材の出荷形態	床板	断熱材	野地板	玄関ドア	参考価格（税込み）円		
						3坪	2.25坪	1.5坪
特別仕様	本書仕様に基づいた仕様。根太、土台、壁パネルなどキット部材を組み立てて出荷。	厚さ30 ㎜の国産杉材本実（ほんざね）加工板	壁内・床下に	幅の広い杉板（150～210 ㎜）を使用	「レバーハンドルつき」鍵は「2ロック」仕様	838,000	733,000	628,000
標準仕様	間柱を多く使った仕様。根太、土台、壁パネル、トラスなどキット部材を組み立てて出荷。	厚さ27 ㎜の国産杉の間柱材。本実（ほんざね）加工なし（注1）	床下に25 ㎜断熱材が入るが、壁内には入らない	普通の間柱（27×105 ㎜）（注1）	レバーハンドルは「握り玉」鍵は「1ロック」仕様	733,000	628,000	555,000
プロ仕様	部材を加工、組み立てせず生材のままご提供。材料はラフカットのまま出荷。	標準仕様と同じ	断熱材は入らない	標準仕様と同じ	標準仕様と同じ	555,000	502,000	450,000

注1：標準仕様で床板・野地板に使用する間柱は、普通の間柱なので、表面のざらつきや凹凸、抜け節、ヤニ、丸みなどがあることをご了承ください。
注2：いずれの仕様にもシージングボードが入っています。窓サッシの仕様は、いずれも同様です。
注3：各仕様の内容・参考価格は、平成20年9月現在です。予告なく仕様変更する場合はございます。
注4：運賃は別途です。

［3坪タイプ］

［2.25坪タイプ］

［1.5坪タイプ］

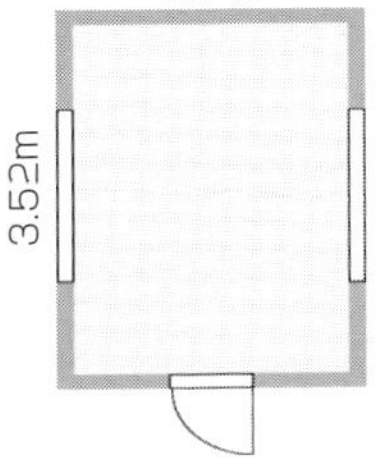

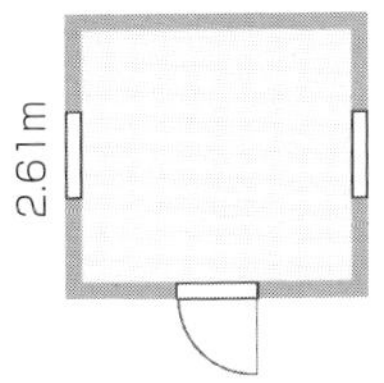

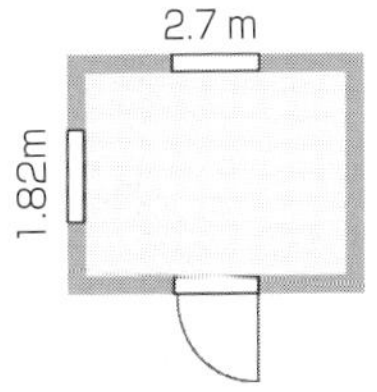

3．問い合わせ・入手先

A & K ホーム建材株式会社　北関東営業所　〒322-0046　栃木県鹿沼市樅山町524
TEL 0289-60-0503　FAX 0289-65-3011　＊問い合わせ：平日9：00～17：00
http：//www. homekenzai. com/

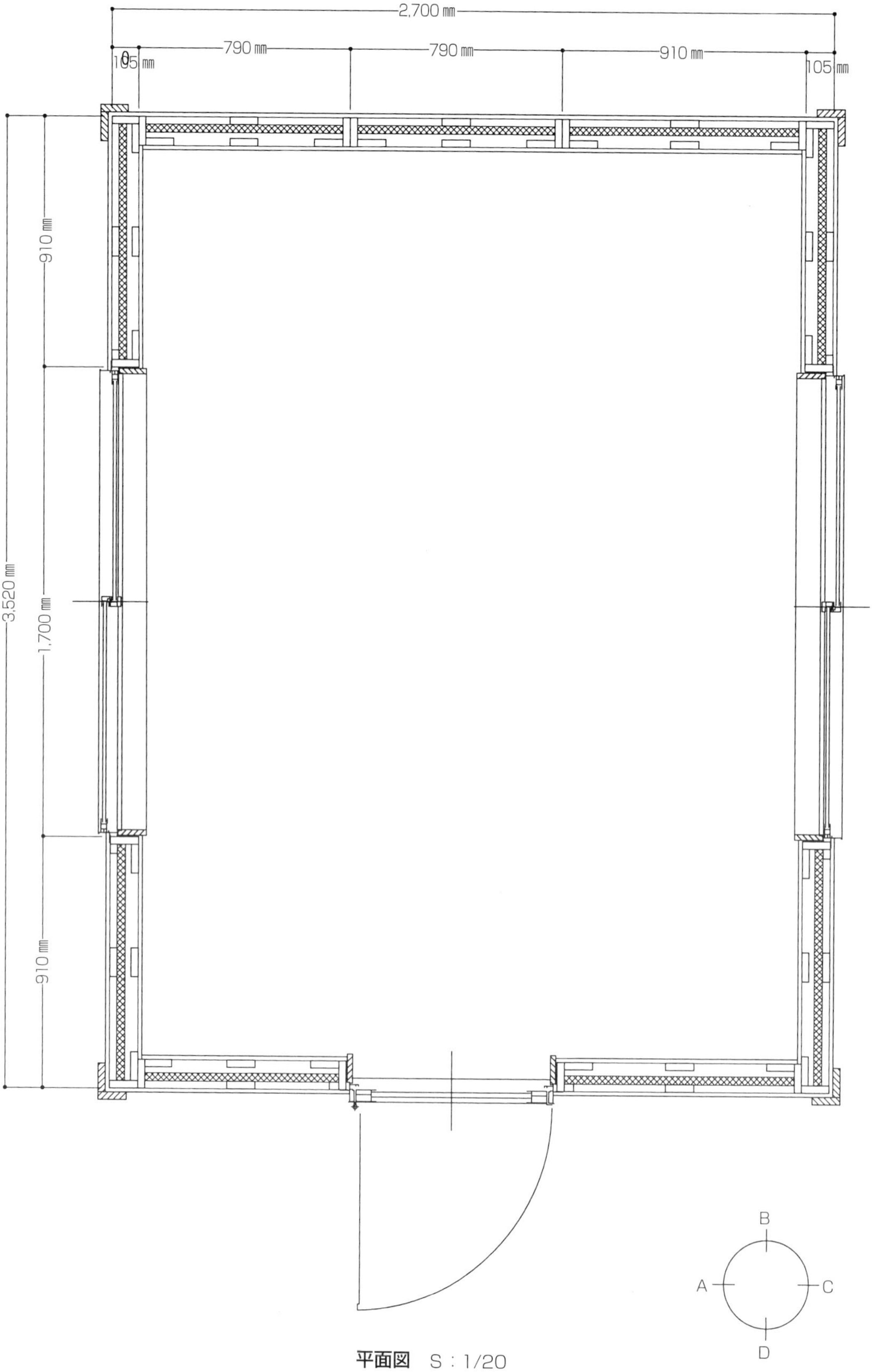
2,700 ㎜
105 ㎜
790 ㎜
790 ㎜
910 ㎜
105 ㎜
3,520 ㎜
910 ㎜
1,700 ㎜
910 ㎜
B
A
C
D

平面図　S：1/20

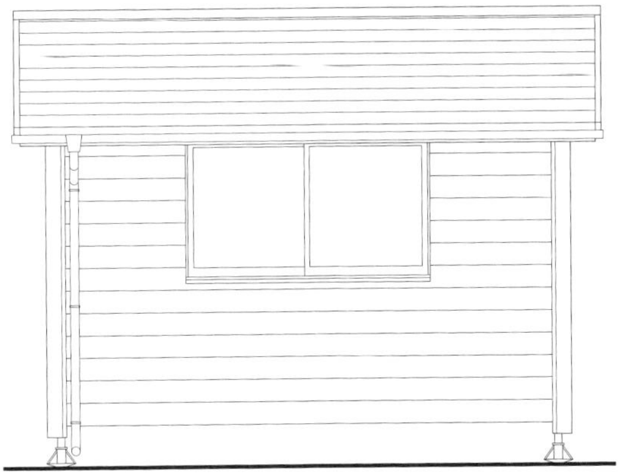

立面図A面（平・窓側） S：1/20

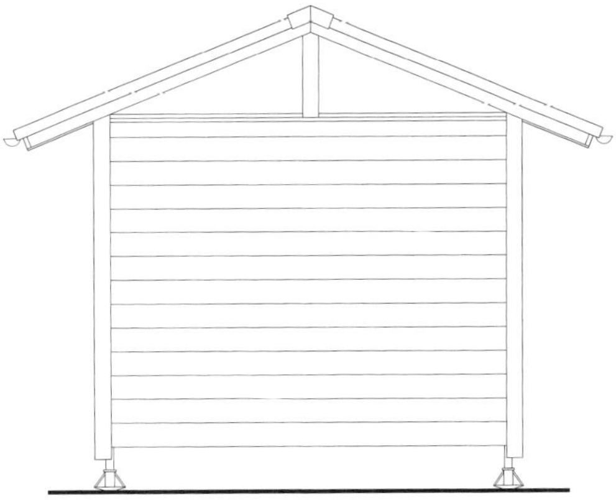

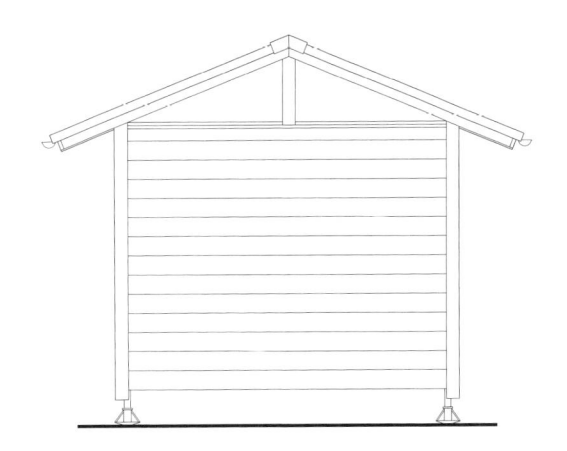

立面図B面（妻・窓なし側） S：1/20

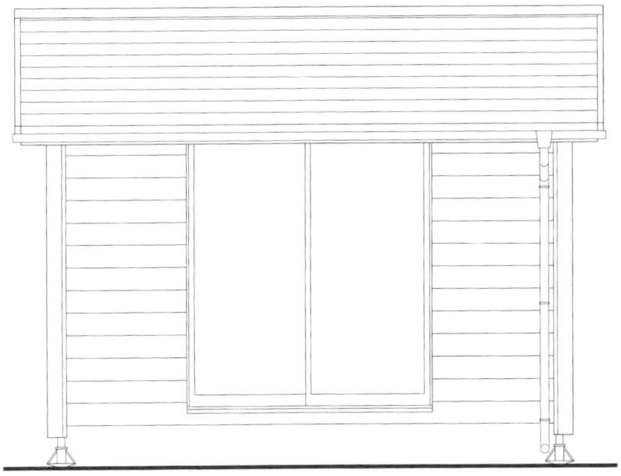

立面図C面（平・掃き出し窓側） S：1/20

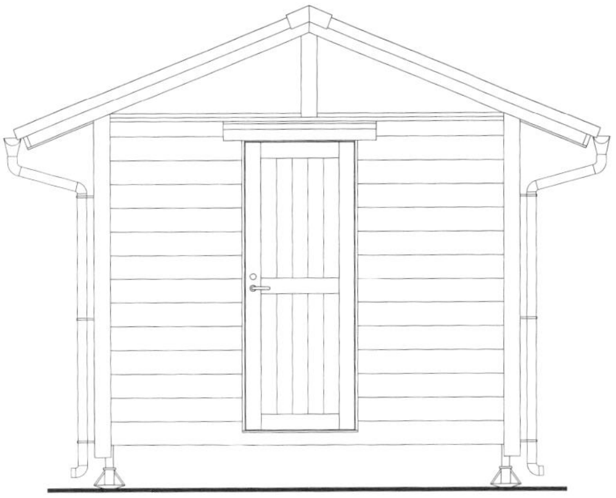

立面図D面（妻・勝手口側） S：1/20

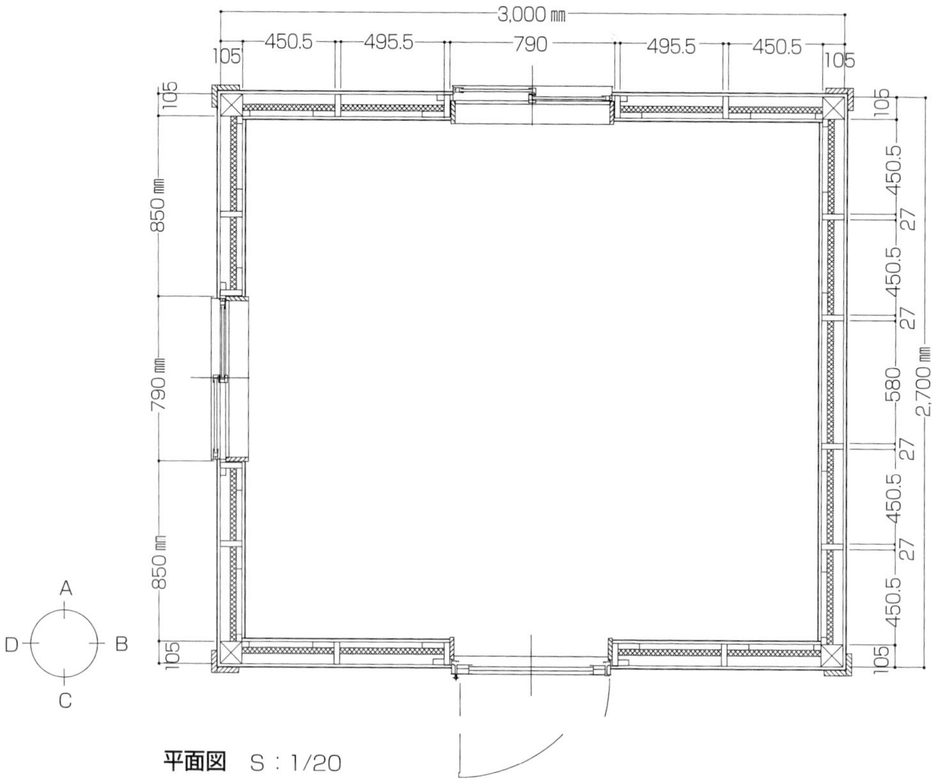

平面図　S：1/20

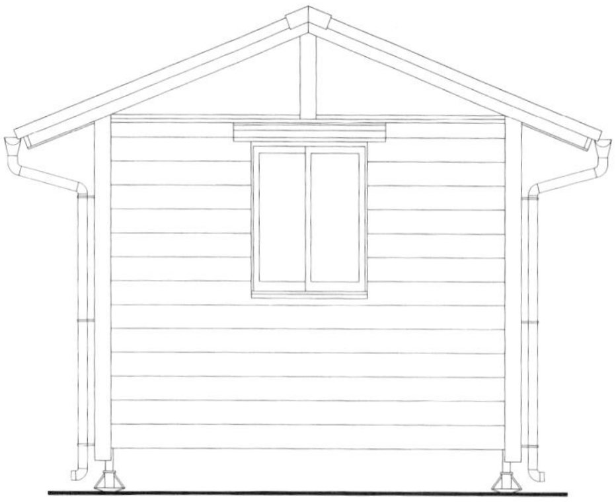

立面図D面（妻・窓 側）　S：1/20

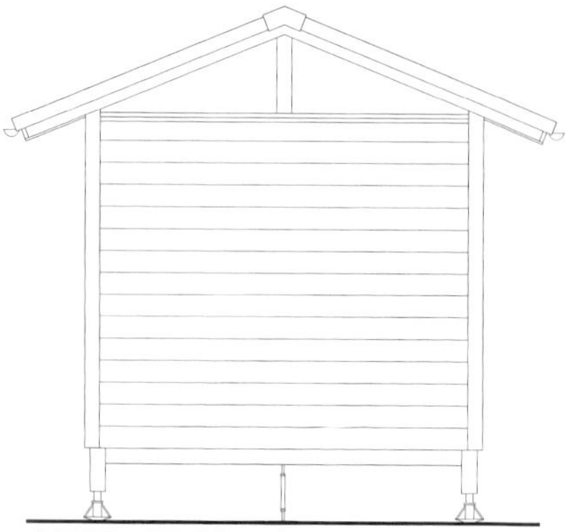

立面図B面（妻・窓 なし側）　S：1/20

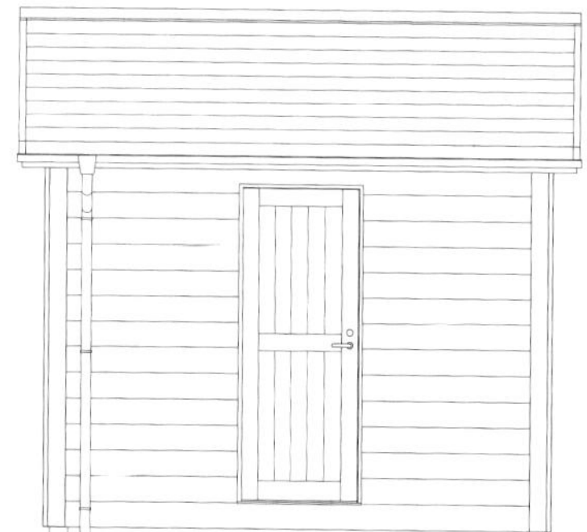

立面図C面（平・勝手口側）　S：1/20

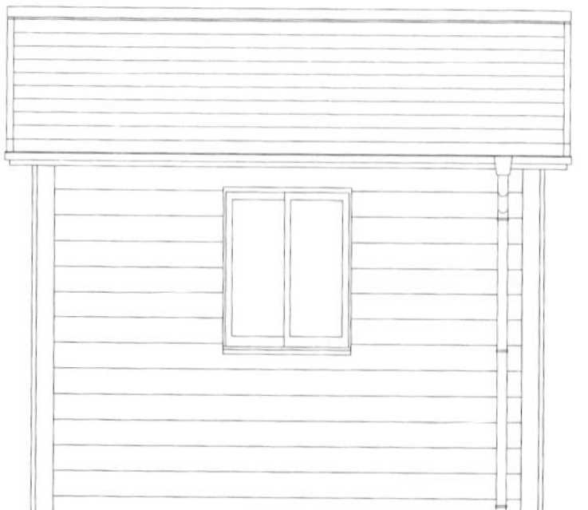

立面図 A 面（平・窓 側）　S：1/20

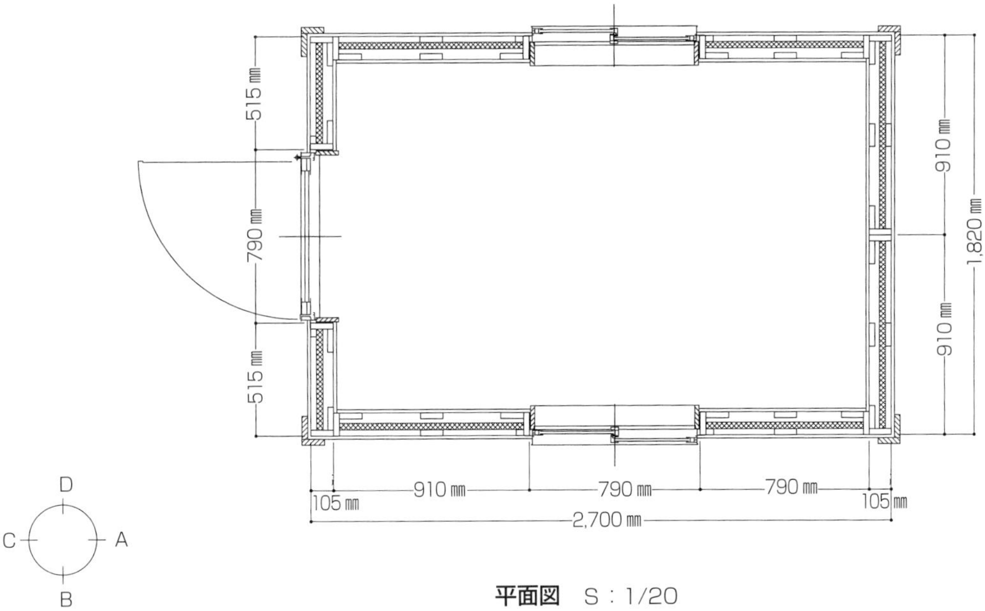

平面図　S：1/20

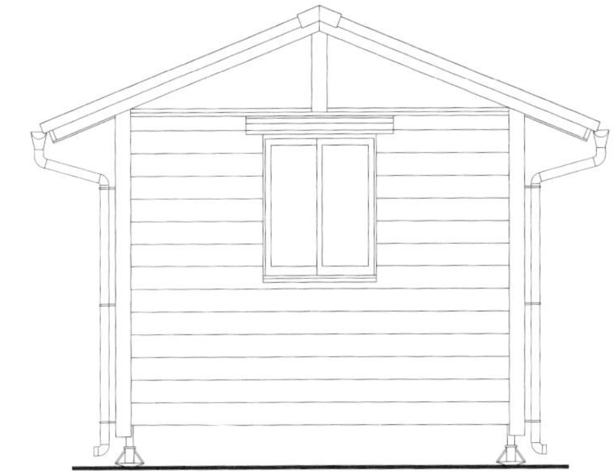

立面図D面（妻・窓側）　S：1/20

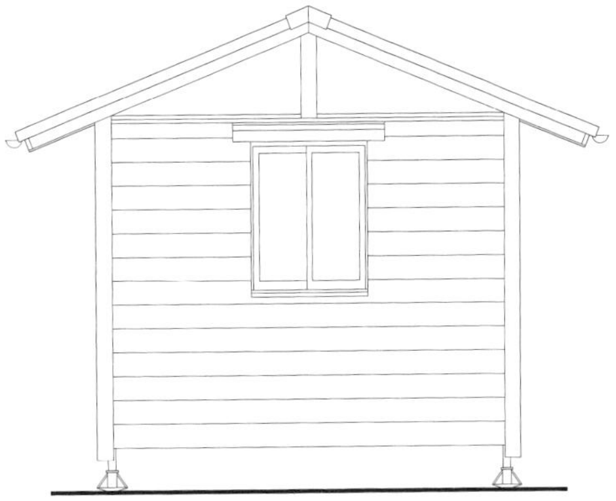

立面図B面（妻・窓側）　S：1/20

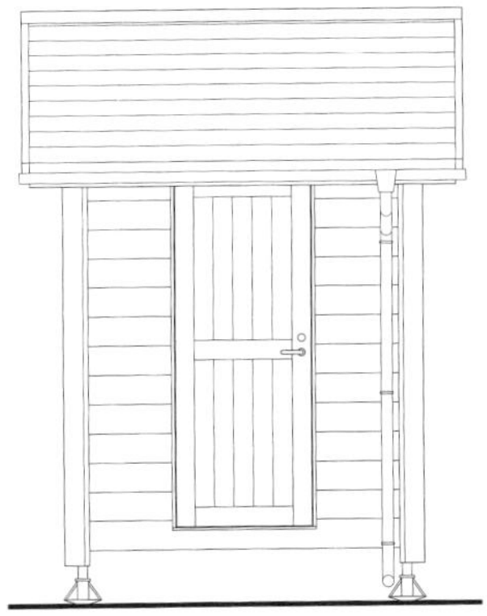

立面図C面（平・勝手口側）　S：1/20

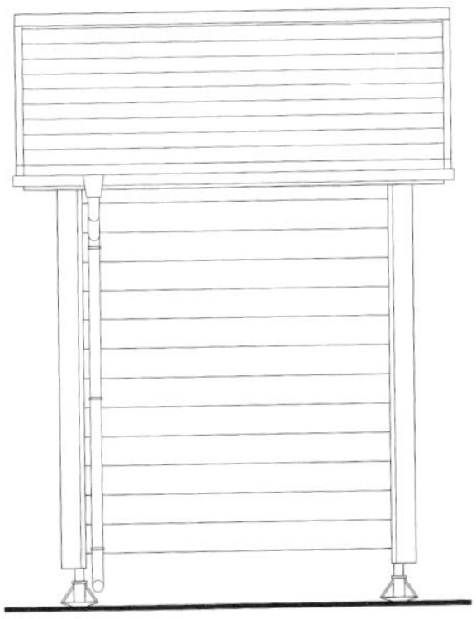

立面図 A 面（平・窓なし側）　S：1/20

あとがき

2003年の早春に、うちの子どもたちが通っていた「にしき保育園」の園児が私の農場に麦踏みにやってきました。その折、芹沢園長先生より「保育園で3坪ほどの小屋が必要なのだけど、どうもホームセンターで売っているログハウスが好きになれない、同じくらいの値段で合板を使わず国産の材料でなんとかならないか？」と相談されたことが、私がセルフビルドできる国産材を使ったちいさな小屋に関わり始めたきっかけでした。調べるとその3坪のログハウスはなんとリトアニア製で40㎜のパイン材で構成され、開口はちゃちながらペアガラスが入っており、しかも値段はとても安い！

国産材を使い、合板を使わず、丈夫に、その価格程度にする、この条件をクリアするために杉の間柱材に注目しました。それから何度かの試作と多くの方の直接間接的なご助言、ご協力を得て、新しい「間柱パレット工法」「ジョイント柱工法」をまとめることができました。

初期の間柱材を使った3坪小屋の製作は、「埼玉すまいの会」でご一緒した金子正明さんの協力なしにはできなかったでしょう（「みんなでつくる3坪ハウス」自費出版）。それから「素人が本当に自分たちだけでできる丈夫な杉の木の小屋」を目指し、幾度かのバージョンアップの末に「間柱パレット工法」が確立いたしましたが、それはさらに多くの方のお力添えの賜物でした。

設計、製作には守谷建具店の守谷和夫さんの大きな協力がありました。ツーバイフォー壁式構造の考え方の導入やパネルにサッシ寸法を取り入れるアイデアは、守谷さんの示唆によるものです。守谷さんには木やビスの知識から手づくり治具など、多くの技術指導をしていただきました。守谷さんの工房に何度も通ったころ、奥様のえみ子さんの心のこもった手料理でどれだけ元気をいただいたことか！

Ａ＆Ｋホーム建材の代表取締役古屋正樹さんからは、“不器用な素人”でも失敗なくできるようにと、壁のパネル化などの示唆をいただきました。高さ調整できる基礎金物の製作には（株）晃和の小椋晃雄さん、金属屋根の役ものの試作製作にはホカリ金物の穂刈信之さん、「ジョイント柱工法」の三面ジョイント金具の開発には田沼鉄工の田沼弘義さんのご協力が不可欠でした。

また、この工法の試作改良は、経済産業省の「地域資源活用新事業展開支援事業」の補助を受けて行ないました。発刊に際しては、農文協編集局の赤澤久喜さんとカメラマンの中島満さんにお世話になりました。ご支援いただいた多くの方々にお礼申しあげます。ありがとうございました。

2008年9月

レンゲ不耕起栽培のイネが頭垂れる日

後藤　雅浩

著者略歴

後藤　雅浩（ごとう　まさひろ）

1965年東京都生まれ。京都大学工学部建築学科修士課程修了。
埼玉県羽生市で農場「雨読晴耕村舎《うどくせいこうそんしゃ》」農産物加工直売所「糧工房《かてこうぼう》」を運営するかたわら、「雨読晴耕村舎一級建築士事務所」を経営。
未来に向けて“田園型社会”への移行をめざし、日本の実情にあった小さな農業を実践しながら提案している。

住所　〒348-0065 埼玉県羽生市藤井下組666-1
■雨読晴耕村舎　http://www.cam.hi-ho.ne.jp/masa-goto

これなら誰でもできる
日本の杉で小さなお家《うち》

－セルフビルドの新工法－

2008年10月20日第1刷発行

著者　後藤雅浩

発行所　社団法人 農山漁村文化協会
郵便番号　107-8668　東京都港区赤坂7丁目6－1
電話番号　03（3585）1141（代表）　03（3585）1147（編集）
FAX　03（3589）1387　振替　00120-3-144478
URL. http://www.ruralnet.or. jp/

ISBN 978-4-540-07254-3
〈検印廃止〉

Printed in Japan

DTP製作／條克己
印刷・製本／凸版印刷（株）

定価はカバーに表示

農文協の住まい暮らしの本

温故知新の家づくり
可喜庵の会著　鈴木工務店発行　● 952 円＋税
都会の狭い土地でも豊かな生活空間を。自然の光・風・緑を生かしながら 100 年もつ家を創る。

火のある暮らしのはじめ方
－七輪，囲炉裏，ペレットストーブ，ピザ窯など－
日本の森林を守る薪炭利用キャンペーン実行委員会編
● 1429 円＋税
調理や暖房などで薪炭を活用する実践事例から、火のある暮らしの豊かさやはじめ方を解説する。

石窯のつくり方楽しみ方
－七輪，囲炉裏，ペレットストーブ，ピザ窯など－
須藤　章・岡　佳子著● 1619 円＋税
鍋や植木鉢利用の簡単石窯からレンガ窯まで図解。レシピもパンからピザ、燻製、ほうとうまで。

ムリなく住めるエコ住宅
OMソーラー協会編● 1714 円＋税
光と風と水､緑を生かす家の作り方と住まい方。実例・間取り図多数、全国 300 の工務店リスト。

あなたにもできる 住まいのエコ・リフォーム
浅生　忠克著● 1333 円＋税
障子・襖の張り替え、壁・床のリフォーム、エコ畳、網戸、床下まで。エコ素材入手先一覧付。

近くの山の木で家をつくる運動宣言
－素材メーカーと販売店リスト付－
緑の列島ネットワーク発行● 952 円＋税
地域の自然と仲良く暮らす家づくりを取り戻す河合雅雄、林望、浅井慎平氏などのメッセージ。

木の家に住むことを勉強する本
「木の家」プロジェクト編　泰文館発行● 1886 円＋税
長持ちして環境に優しく、健康にもよい「地元の木でつくった家」を手に入れるための情報満載。

人間選書 270
伝統技法で茅葺き小屋を建ててみた
原田　紀子著● 1600 円＋税
職人を探し、木材を決め、よいとまけで棟上げ。風土が育てた本当の日本の家づくり実践記。

人間選書 190
西岡常一と語る　木の家は三百年
原田　紀子著● 1752 円＋税
四季のある国の家造りには四季の国で育った木が最適。宮大工の巨匠と職人たちが語る伝統建築。

百の知恵双書 2
住宅は骨と皮とマシンからできている
－考えてつくるたくさんの仕掛け－
野沢　正光著● 2667 円＋税
住み心地よく、環境にも配慮し、まちの記憶をつなぐ家とは。建築家がそっと教える設計の意味。

百の知恵双書 7
樹から生まれる家具
－人が支え、人が触れるかたち－
奥村　昭雄著● 2667 円＋税
自然力を生かす建築で有名な著者。その家具づくりは木を生かし人を支える工夫に満ちている。

百の知恵双書 8
まちに森をつくって住む
甲斐　徹郎・チームネット著● 2667 円＋税
まちの緑を天然の空調装置に。環境共生住宅で私も地域も「トク」をする住まい方を実現しよう。

百の知恵双書 10
椅子づくり　百年物語
－床屋の椅子からデザイナーズチェアーまで－
宮本　茂紀著● 2667 円＋税
「椅子人間」と呼ばれる職人が語る椅子の技術史。材質、デザイン、機能に見るものづくりの心。

百の知恵双書 11
台所の一万年
－食べる営みの歴史と未来－
山口　昌伴● 2667 円＋税
風土を食べる台所とは？ システムキッチンの落とし穴と日本型“美味しい台所革命”の ススメ。

百の知恵双書 12
湖上の家、土中の家
－世界の住まい環境を測る－
益子　義弘・東京芸術大学益子研究室著● 2667 円＋税
ペルー、イラン、スペイン、ベトナムで見た不思議な家。家とは何かを考える体感的調査の報告。

百の知恵双書 13
日本人の住まい
－生きる場のかたちとその変遷－
宮本　常一・田村　善次郎著● 2667 円＋税
モノ言わぬ民家がその地の暮らしを雄弁に語る。家族と生業と協同が刻まれた日本の家のかたち。

百の知恵双書 14
仕舞える住まいの収納学
－ゴタゴタ病根本治療の処方箋－
山口　昌伴著● 2667 円＋税
「片づかない」は現代ニッポンの病。モノ溢れを暮らし方・家・地域で解消する道を大胆に提案。

百の知恵双書 16
「木組」でつくる日本の家
－むかしといまを未来につなぐ家づくり－
松井　郁夫著● 2667 円＋税
これからは、地元の木を組んで家を作る。耐震性も高く納得、安心。職人も町も山も喜ぶ。